JN149173

協働で実現

収益確保と顧客本位のM&A

日本M&Aセンター
鈴木安夫

株式会社きんざい

はじめに

◎私が銀行員からM&A専業機関に転職した理由

近年、地域金融機関の間で、M&Aを推進しようという機運がますます高まっています。本書を手に取ってくださった方も、「M&A推進のノウハウが知りたい」「M&Aで業績を上げていくにはどうすればよいのか」といったニーズや課題をお持ちであろうと思います。

本書は、私自身が銀行員の立場でM&Aの実務を担当し、さらにM&A専業機関である日本M&Aセンターに転職してM&Aのスペシャリストとして歩んできた経験をもとに、みなさまのニーズや課題に少しでもお応えできればと考えて筆をとったものです。

ここで少し、私がなぜ銀行員からM&Aのスペシャリストに転じたのか、自己紹介も兼ねてご説明したいと思います。

私が新卒で入行したのは、生まれ育った栃木県を地盤とする足利銀行でした。1995年のことです。

銀行員を目指したのは、あこがれの職業だったことが理由の一つです。地方銀行で働くことはステイタスでしたし、地域経済に血液を送り込む役割を果たせること、地元のさまざまな企業と関われることは非常に魅力的でした。根底には、「地域に貢献できる仕事がしたい」という気持ちがあったように思います。

入行後は支店に配属され、1カ店目で窓口業務から預金担当、融資、渉外など一通りの業務を経験。2カ店目以降は渉外専門になり、法人も個人も担当していました。

転機が訪れたのは入行から8年後、2003年のことでした。3カ店目で支店長代理になった頃、行内の公募に応募し、日興コーディアル証券(当時。現SMBC日興証券)でトレーニーとしてM&Aの実務を経験するチャンスを得たのです。

もっとも、当時の営業店では「事業承継」や「M&A」という言葉が出ることはありませんでしたから、私はＭ＆Ａについて何の知識もありませんでした。トレーニーに応募したのは、何となくＭ＆Ａというものが面白そうだと感じたからです。また、「もしかするとお客さまのために役立てられるような知識や経験が得られるのではないか。それは先々、自分の武器になるかもしれない」という期待もありました。

トレーニーとしては２００３年７月から12月までの半年間、Ｍ＆Ａのバックオフィス業務を担う情報開発部で働きました。山陰地方にあったスーパーマーケットのＭ＆Ａ案件などに関わり、先輩の営業社員に同行して会話の記録をとったり、合間にＭ＆Ａ関連の書籍を買って勉強したりする日々を過ごしながら少しずつＭ＆Ａについて学んでいきました。

実際に複数の案件に関わることで強く感じたのは、「いずれ、地方における事業承継問題は大きくクローズアップされるだろう」ということでした。当時すでに事業承継に悩む企業は多く、日興コーディアル証券が扱う案件の多くは地方のものだったからです。

「国内のＭ＆Ａ市場は相当、拡大していくに違いない」

そんな手応えを得て、Ｍ＆Ａ業務を深掘りしていきたいという気持ちがどんどん大きくなっていきました。

そんな矢先に飛び込んできたのが、足利銀行国有化のニュースでした。忘れもしない、2003年11月29日のことです。出向期間満了まで、あと1カ月というタイミングでした。私が大きなショックを受けたことは言うまでもありません。「出向を終えた後、戻る場所はあるのだろうか」と不安を覚えたのも事実です。

もちろん、血税が投入されて事業は継続していましたから、戻る場所がなくなるなどということはありませんでした。予定通りに出向期間を終えた私は、法人部部長代理としてM&A業務に携わることになり、すでに法人部の先輩が進めていた複数の案件にサブ担当として入ることになりました。

日興コーディアル証券での経験は貴重でしたが、一方でディールサイズが非常に大きく、多くの案件は地銀では対応が難しい顧客層のものでした。そのため私は、出向から戻った時点では、地銀の顧客層にどれほどM&Aのニーズがあるのかをつかみきれてはいませんでした。

しかし実際に足利銀行で受けていた案件に関わるうちに、私は「地銀の顧客層には間違いなくM&Aのニーズがある」ということを実感することになります。

今でも強く印象に残っているのは、ある製造業の創業社長の言葉です。

その会社は、業績は非常に好調でしたが、社長は70歳を超えており、後継者がいないという状況でした。買い手候補先企業とのトップ面談の席で、買い手候補先企業の社長から「なぜこんなに優良な会社を売却するのですか?」と尋ねられたとき、その社長はこう言ったのです。

「大事なかわいい社員の雇用を、絶対に守りたい。それが一番、私にとって大事なことなんです」

自分が育ててきた会社を売るという決断は、軽々しくできるものではありません。しかし事業承継のめどが立たない中、雇用を守り会社を残すため、社長は苦渋の決断をされたのです。

私はその社長の姿を見て、「M&Aは地銀の本来業務なのだ」と確信しました。

地元企業を「揺りかごから墓場まで」サポートする役割を担えるのは、地元企業と信頼関係を持って経営に深く関与している地域金融機関しかいないと言ってもいいでしょう。

もし事業承継やM&Aという「最後の引き継ぎ」を誰もサポートできなければ、場合によっては廃業という選択をせざるを得ないかもしれません。そこで会社や事業をうまくバトンタッチさせ、さらなる発展へとつなげることは地域金融機関の使命であるはずです。

地銀のM&A業務の可能性を強く感じていた一方で、当時の行内の状況に目を転じれば、厳しい環境にあることは間違いありませんでした。

国有化後は預金の流出を食い止め、お客さまの信頼を回復することが最優先課題になっていましたから、言ってみれば行内全体が「守り」に徹することを余儀なくされていたわけです。M&Aで役務収益獲得を目指すような「攻め」の業務は、どうしても後回しにされがちだったと思います。私自身、M&A以外の業務に多くの時間を割かざるを得ない状況にありました。

もちろん私は、5年、10年という時間を経て足利銀行は復活するだろうと思っていましたが、しかしそれまでの間はM&A業務に集中できない可能性が高そうだとも感じていました。

やはりここは、自分のキャリアをかけてM&A業務に専念したい――転職を決断するまでに、時間はかかりませんでした。出向から戻って半年後、私は日本M&Aセンターに採用面接を受けたいと申し込んだのです。

◎──Ｍ＆Ａという仕事の魅力

銀行勤務時代は、多くの銀行員の方々と同じように、「いつかは支店長に」という思いを胸に仕事をしていました。

それでも日本Ｍ＆Ａセンターへの転職を決意したのは、銀行員としての経験を活かし、多くの地域金融機関と関わりながらＭ＆Ａを全国に広げていきたいという気持ちが芽生えたからです。

私には、「Ｍ＆Ａの隠れたニーズを持つ企業は地方にたくさんある」という確信がありました。多くの地域金融機関と一緒にＭ＆Ａをどんどん推し進めていくことができれば、「地域のために役立つ仕事」を栃木県だけでなく全国で広範囲に展開できるのではないかと考えていました。

その意味で、転職先は日本Ｍ＆Ａセンター以外に考えられませんでした。ちょうど当時の日本Ｍ＆Ａセンターは地方銀行との提携に力を入れ、急速に業容を拡大している時期だったからです。

そして何より、M&A業務には私を惹きつけてやまない魅力がありました。M&Aが成約すると、売り手企業の社長に泣いて喜んでもらえるのです。

銀行には、お客さまに喜んでいただける仕事がたくさんあります。私自身、融資をしてお客さまに大変喜んでいただいた経験は少なくありません。しかし、涙を流して喜んでいただいたのはM&Aの仕事が初めてでした。

「これほど人に喜んでもらえる仕事は、なかなかあるものではない」

そう感じたことが、M&Aの道を究めようという決意につながったのです。

今では多くの地方銀行が取り組んでいるM&A業務の魅力は、おそらく多くの銀行員のみなさんに共感していただけるものではないかと思います。

私たち日本M&Aセンターでは、M&Aを企業同士の「結婚」と考え、最終契約締結の際には売り手、買い手の社長や関係者が集まる「結婚式＝成約式」を行っています。この成約式では、売り手の創業オーナーや奥様が事業や従業員への思いを語り、涙を流すことが少なくありません。

私は、この成約式の様子を撮影し、経営者向けのＭ＆Ａセミナーや地域金融機関の方向けの勉強会でお見せすることがあります。すると、映像を見て涙を流すのは、圧倒的に銀行員の方々が多いのです。

成約式の映像を見てもらい泣きする銀行員の方々は、おそらくご自身が担当している地元の企業のオーナーのことを思い出していらっしゃるのではないかと思います。オーナーの思いを深く知り、その企業に貢献したいという強い思いがあるからこそ、共感の涙が流れるのでしょう。

地域金融機関で働く人たちが共通して持っているのは、「地域の企業のオーナーなど、地元のお客さまのお役に立ち、地域経済を活性化したい」という思いであるはずです。私は、その思いを実現する魅力的な業務がＭ＆Ａなのだということを銀行員の方々に広く知っていただきたいと思っています。

M＆Aこそ、地域金融機関の活路

M＆Aの世界に足を踏み入れ、地方における事業承継の問題について考えるようになってからというもの、つねづね感じていたことがあります。それは、「これから地方の企業の廃業が増えれば、地域金融機関の顧客基盤が失われてしまうのではないか」ということです。

近年、多くの銀行は貸金が伸びない中でどのように収益を確保するかが大きな課題になっています。

その一方、メディアでは地方の企業の事業承継問題が取り上げられるようになり、「大廃業時代」とまで呼ばれるに至っているのが現状です。

廃業が増えて取引先が減少し、地域金融機関のビジネス基盤が損なわれることになれば、収益を確保することはより難しくなるでしょう。これは地域金融機関の死活問題です。私は今、長年危惧していたことがまさに現実になりつつあると危機感を感じています。

この状況を打破するためには、地域金融機関が中心となってM＆Aを推進し、地元企業の存続・発展を後押ししていくよりほかに方法はありません。その意味で、地域金融機関にとってM&Aは本来業務であると位置づけられるべきでしょう。

私は日々の業務の中で、地方の企業の中にはM&Aに対するニーズが数え切れないほど眠っていると感じています。そして、地方の企業の経営者とリレーションがあり信頼を勝ち得ているみなさんがそのニーズに応えていくことこそが、「大廃業時代」を迎えた日本で求められている金融機関のあり方ではないかと思っています。

本書では、M&A推進に取り組む方々のお役に立てるよう、地域金融機関がどんな役割を果たすべきなのか、M&A専業機関との協働によって何が実現できるのか、M&A成功のために押さえておくべきポイントに加え、M&Aを手掛ける際に潜むリスクなども詳しく紹介していきたいと思います。少しでも参考にしていただけることがあれば幸いです。

【目次】

第2章 M&Aは実際、どう進んでいくか
――地域金融機関と専業機関が協働するメリット

第3章 地域金融機関がM&Aで成功するために必要なこと

第4章 M&Aに潜むリスク
――地域金融機関がどこまで抱えるべきか

第5章 M&Aは「収益確保」と「顧客本位」の両方を追うことが成功の鍵

第6章 日本M&Aセンターの活用法

おわりに……179

第1章

大廃業時代、大相続時代のM&Aの意義

「大廃業時代」に入った日本

近年、新聞などのメディアで「大廃業時代」という言葉を目にする機会が増えています。「消えるGDP22兆円　大廃業時代」のタイトルで日本経済新聞に掲載された連載記事によれば、日本企業の99%を占める中小企業の多くが廃業の危機に立たされているといいます。中小企業の70歳以上の経営者245万人のうち約半数は後継者が未定であり、経済産業省の試算によれば、2025年までの累計で約650万人の雇用とおよそ22兆円の国内総生産が失われる可能性もあるのです。

また、東京商工リサーチの調査では2017年の休廃業・解散企業は約2万8000社にのぼっており、その数は10年間で3割も増加しています。この中には、業績が好調な優良企業であるにもかかわらず、後継者がいないばかりに廃業を選択しているケースも少なくないはずです。

実際、中小企業経営者の年齢分布のデータを見ると、1995年にはピークが47歳だったのが2015年には66歳となり、高齢化の進展は顕著です。経営者の平均引退年齢は中規模

▶中小企業の経営者年齢の分布（年代別）

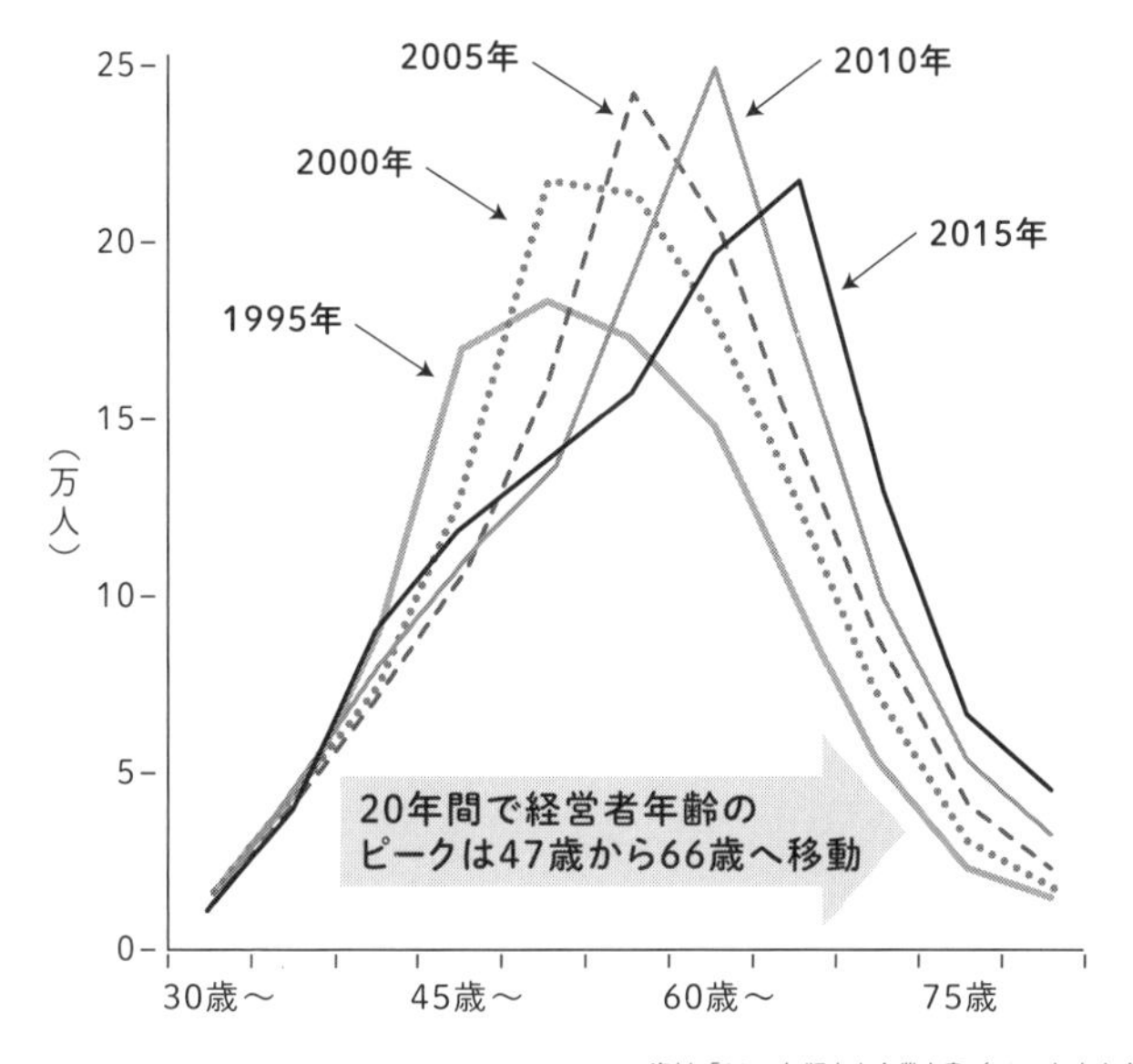

資料：「2016年版中小企業白書」（2016年中小企業庁）

▶経営者の平均引退年齢の推移

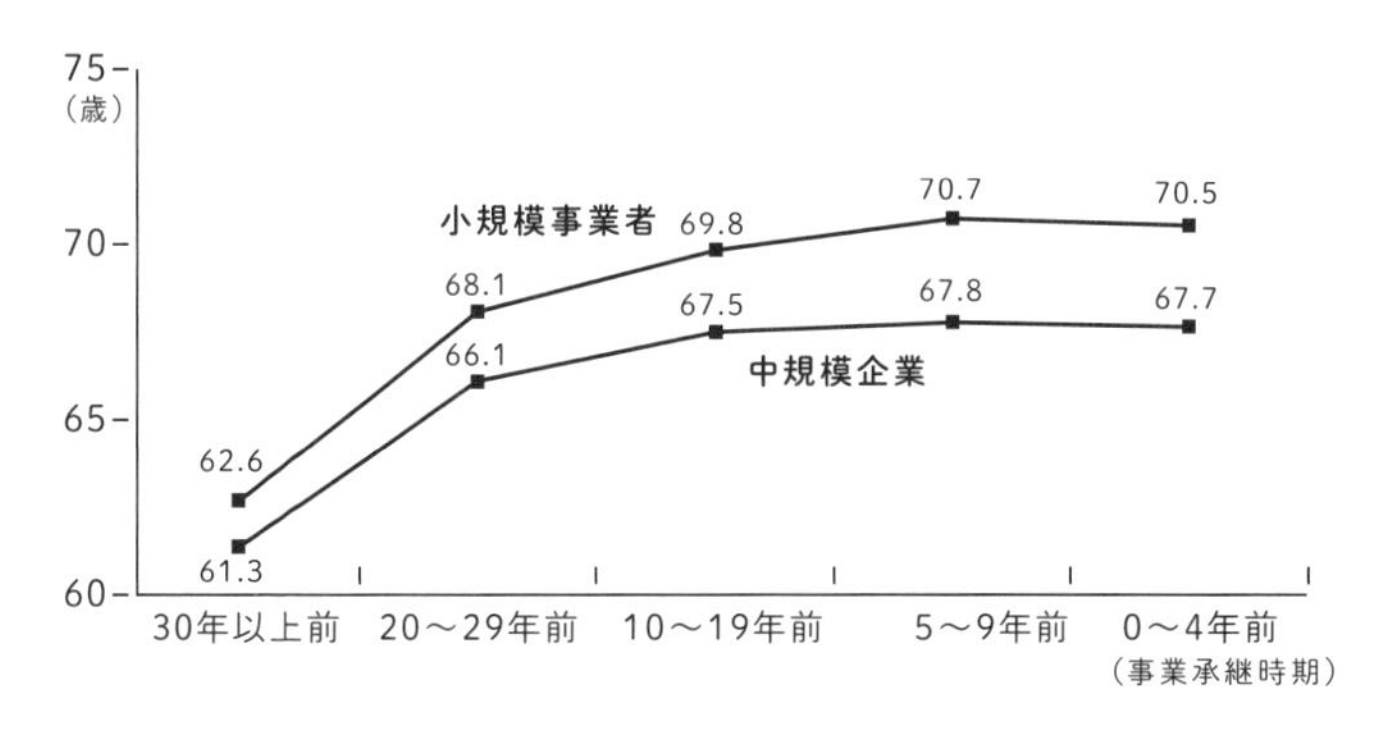

資料：中小企業庁委託「中小企業の事業承継に関するアンケート調査」（2012年11月、（株）野村総合研究所）

企業で67・7歳、小規模事業者では70・5歳ですから、年齢分布のピークと平均引退年齢が近づいていることも見て取れます。

引退年齢を迎え、今まさに「これからウチの会社をどうすべきか」と逡巡している経営者が非常に多いであろうことは想像に難くありません。

日本全体が「大廃業時代」を迎えている中、特に人口の減少も顕著な地方においては、問題はより深刻だと言えます。

地元の企業が続々と廃業していけば、それに伴って雇用が減り、消費も落ち込むでしょう。人口減少と相まって、地域経済の弱体化が急速に進むことになりかねません。もちろん地域金融機関にとってみれば、お付き合いのある企業の廃業や地域経済の衰退は死活問題です。

「大相続時代」、個人マネー流出が地域金融機関の課題に

もう一つ、地域金融機関にとって深刻な問題があります。「大相続時代」——この言葉も、近年、メディアで取り上げられることが多くなっています。

地方の人口減少が進む一方で都市部に人口が集中する中、「被相続人が地方在住で相続人が都市部在住」というケースは多く、相続した個人金融資産が地方から都市部へと流出する動きが加速しています。これを放置すれば、地域金融機関にとって大きな打撃になることは間違いありません。

留意していただきたいのは、この問題の背景に地元企業の廃業も絡んでいる点です。地域金融機関にとって相続時の資産流出が問題になるような富裕層は、その多くが地域企業の経営者層と重なります。高齢化し後継者もいない経営者に対して適切なフォローができておらず、そのまま万一のことが起これば、最悪の場合は取引先企業の廃業に加えて相続による経営者の個人金融資産の流出が起こるということも考えられるわけです。

地域企業経営者の子どもが都市部に生活基盤を持っており、後継者になる意思がない場合、その企業の存続が危ぶまれるような事態にならないよう、取引金融機関は早期に手当てをしておく必要があるのです。

「大廃業・大相続時代」に求められるM＆A推進

大廃業・大相続時代にあって、廃業リスクに直面する中小企業が長期的に事業を継続していくためには、どのような方法が考えられるでしょうか。

事業承継問題を注視している中小企業庁では、「事業承継ガイドライン」を発行しています。このガイドラインによれば、事業承継の方法は三つしかありません。それは、①親族内承継、②役員・従業員承継、そして③社外への引継ぎ（M＆A等）です。

このうち、一般に最も有力なのは親族内承継でしょう。オーナー経営者の子どもに後を継ぐ意思と能力がある場合、事業承継について問題になることはあまりないと言えます。

しかし子どもがいないケースや、子どもがいても都市部で働いていて親の会社の経営に関心がないケース、また子どもに経営能力の面で疑問符がつくケースなどでは、親族内承継という手段が選べない場合も少なくありません。

何とかして会社を存続させたいと願うオーナー経営者の中には、「5年、10年待てば、娘が優秀な婿を連れてくるかもしれない」「孫が生まれたので成人すれば後を継がせられるかも」

などと話す人もいますが、本人が高齢であることを踏まえると現実的な選択肢にはなりません。

親族内承継が難しい場合、オーナー経営者が次の選択肢として考えるのは「役員・従業員（社員）への承継」というケースが多いかもしれません。実際、廃業リスクのある企業の経営者に会ってみると、「優秀な社員がいるから、あと5年か10年も経てば、社長を任せられるかもしれない」といった話を聞くことはよくあります。

しかし社員への承継には高いハードルがあります。中小企業の株価は、過去の利益の蓄積や保有資産の含み益などによって数億円規模になっていることも多く、一介のサラリーマンが簡単に用意できる金額ではないのです。また、どんなに優秀な社員であっても、経営の責任を負う意思や個人で連帯保証をする覚悟を持てるかどうかは別問題ということもあります。会社に借入がある場合は、連帯保証も現社長から新社長に差し替える必要があり、保証能力も問われます。

結局三つの選択肢のうち、「事業を継続するための現実的な手段はM&Aしかない」というケースは非常に多いと言えます。

M&Aについては「ハゲタカ」「身売り」といったネガティブなイメージを持つオーナー経営者が少なくありません。また、長年にわたり心血を注いで経営してきた会社を第三者に売るということに抵抗を感じるのは当然でしょう。いずれにしても、M&Aというのは経営者にとっては非常にデリケートな問題です。

しかし親族内承継や社員への承継が難しい場合、M&Aは、オーナー経営者が人生をかけて育てた事業を継続し、従業員の雇用を守るための「唯一の手段」であり、それを機に成長につなげることもできる「有効な手段」でもあります。またM&Aには、未公開株式の現金化が可能になるといったオーナー経営者にとってのメリットもあります。廃業リスクを抱えたオーナー経営者にとって、M&Aという選択肢を視野に入れないことは大きな損失なのです。

このことを広く知ってもらうためには、地元企業と深いつながりを持ち、厚い信頼を勝ち得ている地域金融機関がM&Aの提案やサポートを推進することが必須です。

自らM&Aを検討するオーナー経営者がまだ少ない中、潜在的なニーズを掘り起こし、M&Aという有効な選択肢があることを伝えていけるのは、地域金融機関しかないと言ってもいいでしょう。

地域金融機関が時代を生き抜く鍵はM&Aにある

「大廃業・大相続時代」に入り、地域金融機関は岐路に立たされていると言えます。金融庁の試算では、全国で100を超える地方銀行のおよそ半分は17年度までの2年またはそれ以上連続して貸し出しなどの本業が赤字という状況です。

このような時代を生き抜く鍵になるのが、M&Aです。

M&Aの推進は、廃業リスクに直面するオーナー経営者にとってメリットが大きいだけでなく、地域金融機関の活路にもなるのです。もしM&Aを「手数料稼ぎの手段」と考えている方がいるとすれば、それはM&Aの波及効果を過小評価していると言わざるを得ません。

なぜM&Aが地域金融機関にとって重要なのかと言えば、第一に、廃業の危機に直面している地元企業がM&Aによって事業を継続できれば取引先の消滅という最悪の事態を回避できるからです。

しかし、メリットはそれだけではありません。M&Aによって相乗効果が生まれ、地元企業の業績が拡大するケースは多く、それに伴って設備投資資金や追加の運転資金が必要になることもよくあります。つまりM&A後に企業が成長を遂げられれば、金融機関の本業であるファイナンスにつながるわけです。

さらに言えば、M&A推進は「大相続時代」を生き抜く術にもなり得ます。

近年、メガバンクが法人向け営業と個人向け営業を一体化する「法個一体取引」に力を入れていることはご承知のことと思います。これは考えてみれば非常に自然な流れです。オーナー経営者からすれば、後継者を誰にするかという経営承継の問題と、自社株などの資産を誰に引き継いでいくかといった財産承継としての問題は密接にリンクしています。それを「後継者の問題は法人営業担当者が相談に乗り、財産や相続の話はプライベートバンキング部門の担当者が別途対応する」というように分けているほうが不自然だと言えます。

オーナー経営者は、あらゆる悩みに対応してくれるトータルなソリューションの提案を求めているはずです。そのニーズに応えるためには、地域金融機関も「法個一体取引」に注力していくべきでしょう。そして、そのソリューションの中核になりうるのがM&Aなのです。

もし取引金融機関からの提案でM&Aという選択肢を知り、実際に買収してくれる企業が見つかって売り手が満足できるようなM&Aを成功させられれば、経営から退いた創業者は取引金融機関への信頼を深めることになります。そうなれば、「売却後の個人金融資産の管理も、これまでの取引金融機関に任せたい」と考える可能性は高いと言えます。そして、そのような関係性を築いたうえで相続についても事前に家族ぐるみのサポートを進めておくことは、相続発生後の資産流出を防ぐ手立てにもなるのです。

M&Aで「ほかの銀行に取引先を奪われる」という誤解

もっとも、M&Aについては「地域金融機関にとってデメリットもある」という意見もあります。よく聞くのは、「他県の企業がM&Aの買い手であった場合、買い手企業の取引銀行に融資など既存の取引を取られてしまうのではないか」と懸念する声です。「たとえM&Aが成約して手数料収入が得られても、買収完了後に取引先を奪われてしまうリスクは無視できない」と考える金融機関の経営陣は少なくありません。

このような懸念から、地方銀行の中には、取引先のオーナー経営者が会社の売却を希望したときに買い手候補を同じ県内にある自行の取引先から見つけようとするところもあります。「売り手も買い手も自行の取引先なら、取引がなくなる心配はない」というわけです。

しかし大前提として忘れてはならないのは、M&Aは銀行のためにやるものでもなければそれ自体が目的なのでもありません。M&Aによってその会社の経営にプラスの効果をもたらすことが重要だということです。

マッチングを県内企業に限定して行えば、ベストと言える買い手を見つけるのは難しく、相乗効果を発揮できる可能性も低くなってしまいかねません。仮にそのようなM&Aによって廃業の危機を乗り越え、取引先企業が存続したとしても、その企業の成長が止まったり業績が悪化したりすれば中長期的には地域金融機関にとっても痛手になってしまいます。

このような観点から考えるに、M&A後の成長・発展にこそ注目すべきであり、買い手が県内企業であるかどうかにこだわるべきではありません。

そしてここがさらに重要なポイントなのですが、実のところ、自行にとってのメリットやデメリットを勘案したとしてもM&Aのマッチング先が県内企業であることにこだわる必要はないのです。というのは、私は長年にわたり地域金融機関とともにM&Aに取り組み、数多くの案件に関わってきましたが、これまで「買収後、県外の金融機関に取引を肩代わりされてしまった」というケースはほとんどないからです。

理由はいくつか考えられますが、一つは、私たちが案件の初期段階で買い手候補企業に対して「買収後も売り手企業の取引に関しては従来の取引金融機関と継続してほしい」という話をしていることにあります。より具体的には、「この売り手企業さんは地元のA銀行の非常に大事なお取引先ですし、売り手企業の社長もA銀行には大変感謝しています。A銀行さんとしてはM&A後も継続的なお取引を続けていきたいと思っていらっしゃり、売り手企業の社長も同様の意向です。御社には、ぜひその意向を汲んでいただきたいと思っています」などと率直に話すのです。

もちろん、そこで「わかりました」と言ってもらえたとしても、それは紳士協定のようなものであって、法的拘束力はありません。それでも「取引の肩代わり」が起きたことがないのは、買い手企業側にも買収先の取引金融機関と付き合うメリットがあるからでしょう。これが二つ目の大きな理由です。

たとえばメガバンクをメイン取引先とする東京の企業が地方の企業を買収したとして、その地方の不動産情報を知りたい場合などに頼りになるのは、メガバンクではなく地元に根づいた金融機関でしょう。

また、買収後にその地域の他の企業との取引を検討する場合、「どこかいい企業はないか」「地元の有力経営者を紹介してもらえないか」などと相談する相手も、やはり地元に根づいた金融機関ということになります。ですから買い手企業としては、地元の金融機関とはきちんと関係を持っておきたいわけです。

ただし、このようなケースでもデメリットがないわけではありません。よくあるのは、貸金の金利を引き下げるよう要求されるケースです。特に、買い手が上場企業でメガバンクなどから非常に低い金利で借入をしている場合、金利引き下げ交渉が発生することは覚悟しておかなくてはならないでしょう。買い手の信用力を加味すれば貸金の回収リスクは低下すると考えられるので理不尽なこととは言えないでしょう。

しかし少なくとも、「県外の企業に買収されれば取引がなくなってしまうに違いない」などと過度に警戒する必要はないと言えます。

M&Aは、地域金融機関にとって「3度おいしい」

M&A推進は、中長期的に取引先企業の存続・成長につながるだけでなく、地域金融機関にとって足元の業績向上にも寄与します。しかもビジネスとして見た場合、M&Aは波及効果が大きいのが特徴です。私はよく、M&Aビジネスは「3度おいしい」と言っています。

まず当然のことながら、M&Aを手掛ければ地域金融機関は数百万~数千万円の手数料収入が得られます。

二つ目は、買収資金のファイナンスです。買い手企業に対して地域金融機関が売り手企業を紹介した場合、通常は紹介したその金融機関がメインの資金調達先となります。さらに、よい売り手企業を紹介して買い手企業にメリットをもたらしていることから金利競争にも巻き込まれにくく、貸出金利を通常より高めに設定できることも多いのです。

三つ目は、売却代金からの預かり資産の取り込みです。M&Aでは、未上場株式を現金に換えることができます。会社を売却して引退した元オーナーが次に考えるのはその現金の運用であり、M&Aが成約して関係性がいっそう深まった金融機関からの提案となれば前向きに聞いてくれるものです。たとえば会社を売却した後は、多くの場合、どんなにストックがあってもフロー（定期収入）を失った不安を感じています。賃貸不動産経営などに関心を持つ人も少なくありませんから、元オーナーのニーズに応じてグループ内の不動産関連会社に話をつないだり、あるいは投資信託などの金融商品を提供したりといったように取引を深めていくことは難しくありません。

こうした複合的な取引につなげられることを考えると、地域金融機関がM&Aビジネスに力を入れる意味は非常に大きいと言えるでしょう。

また、M&Aはどんなに豪腕をふるう経営者であっても独力で成功させるのは難しいもの。取引金融機関のサポートを受けることでM&Aが成功したとなれば、「A銀行さんに面倒を見てもらってよかった」「いい会社を買収できて成長が軌道に乗った」といった声が広がりやすく、地元での評判や信用を高めることにも寄与するのです。

地域金融機関は、地域経済の発展のため、工業団地などの誘致に積極的に取り組んできた歴史があります。それは、他県から資本を呼び込んで工場を建てることができれば、その周辺にさまざまなビジネスが育ち、雇用が増え、地域が活性化するという好循環が生まれるからです。

私は、M&Aについても同様に捉えて取り組んでいただきたいと思っています。他県で勢いのある企業が地元企業を買収するとなると、一般的には「他県資本に顧客を奪われる」という発想になりがちなものでしょう。しかし繰り返しになりますが、売り手企業にも買い手企業にも実りのあるM&Aを実現できれば、取引先企業が廃業の危機を免れるだけでなく、雇用が守られ、相乗効果による業績拡大も期待できます。私が過去に携わった案件では、後に設備投資資金や追加の運転資金の融資につながったケースが数多くあるのです。もちろん業績が伸びて社員数が増えれば、社員取引の拡大にもつながるでしょう。

M&Aは地域金融機関にとって足元の収益源になるだけでなく、波及効果が大きく、長期的な業績向上をもたらす可能性をも持ったビジネスなのです。

M&Aは地方創生の切り札

地域金融機関の顧客は、①零細企業・個人事業者、②中小企業、③中堅企業、④上場企業あるいはそれに準ずる優良企業、という4階層に分類できます。地域金融機関は、これら4

階層すべての顧客のM&Aニーズに対応して、最適なソリューションを提供する必要があります。それができて、はじめて地方創生に寄与することができるといえます。

①年商2億円未満の零細企業・個人事業者に対しては、情報のプラットフォームの仕組みを活用して、効率的に相手を探すことがポイントになります。これについて、私たちには、「バトンズ」というオンライン事業承継マッチングサービスを提供しています。これは、WEBプラットフォームを活用することで、小規模企業のマッチングを早く、広く、安く提供するサービスです。現在、地域金融機関の利用が加速度的に進んでいます。

②年商2～10億円程度の中小企業に対しては、従来通りのコンサルタントによるM&Aの支援が必要です。これについては、業務の標準化、外注化による件数アップをはかっています。

③年商10億円以上の中堅企業に対しては、M&Aによる買収でさらなる業績拡大を目指してもらうか、さらに成長を加速させるために、大手の傘下に入るという選択肢の提供が必要です。私たちは、中堅企業の経営者を対象に、1回当たり、人数を3名程度に限定して、「成長戦略」「経営承継」「財産承継」という企業経営の3大テーマに関する座談会を開催しています。この座談会には、経営者に加えて、事業承継・M&Aのプロと事業承継・M&Aの

▶地方創生に必要な4階層の視点

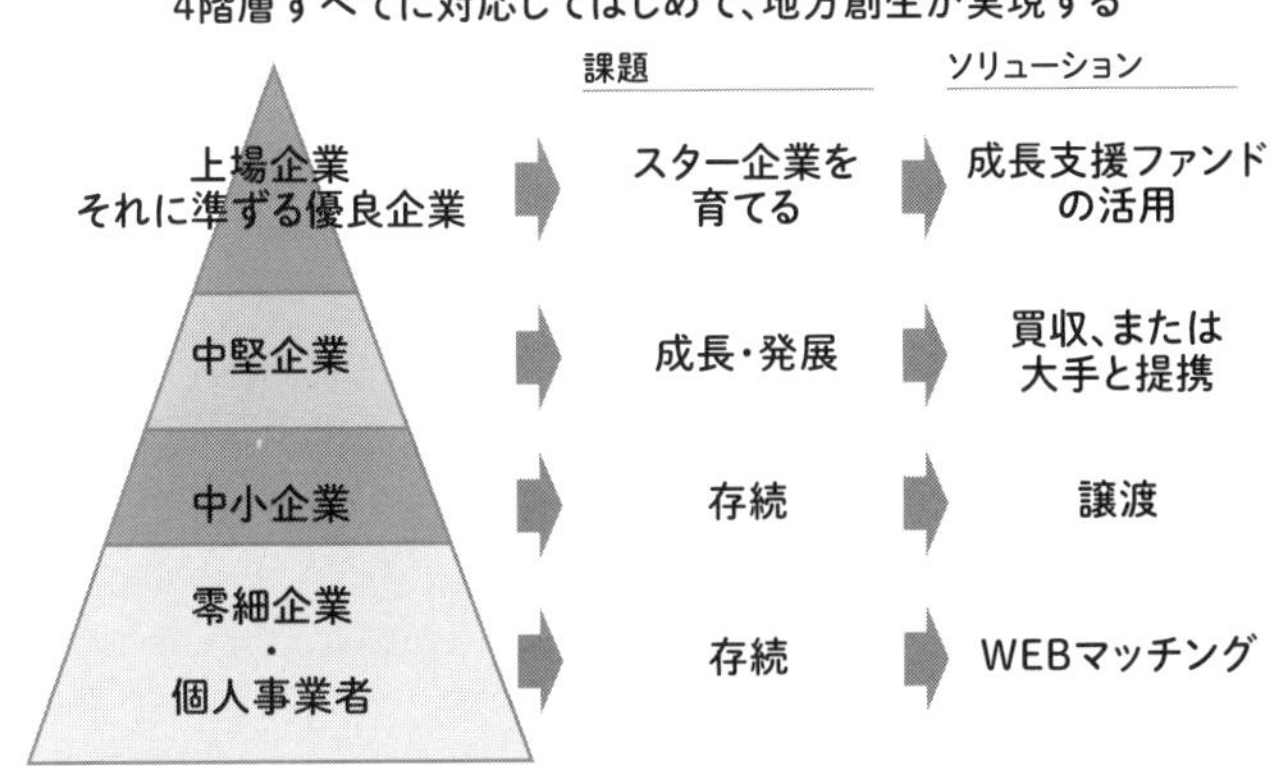

経験者にもご参加いただき、幅広いテーマでディスカッションをしています。

④上場企業もしくはそれに準ずる優良企業に対して、地域のスター企業として、地域の経済と雇用を牽引すべく、私たちは、日本投資ファンドをはじめとした「成長戦略ファンド」などを提供して、成長を加速させる支援を行っています。

次章からは、M&Aにおいて案件がどのように進んでいくのか、地域金融機関と私たち日本M&Aセンターがどう協業し、協働しているのかなど、具体的なM&Aのステップを解説します。

第2章

M&Aは実際、どう進んでいくか

地域金融機関と専業機関が協働するメリット

日本M&Aセンターが地域金融機関との協業を重視する理由

私たち日本M&Aセンターでは、M&Aを検討するオーナー経営者からの相談や依頼を直接受けるケースも数多くありますが、一方で地域金融機関との協業を非常に重視しています。それは、M&A専業企業と地域金融機関は親和性が高く、協働のメリットが大きいからです。

私たちは、M&A業務についてはプロフェッショナルであり、常に最先端のソリューションを提供できるよう努めています。しかし、地域金融機関にあって私たちには持ち得ないものがあります。それは、オーナー経営者とのリレーションです。

地域に根ざした取引金融機関は、オーナー経営者との長い付き合いがあります。もちろん、強い信頼関係を構築しているケースも多いはずです。

地域金融機関は「常に身近にいてくれる」ことも重要なポイントです。たとえば私たち日本M&Aセンターは拠点が東京や大阪などの都市部にあるため、地方企業のオーナー経営者からすればどうしても「用件に応じて、遠くから来て対応してくれる人」ということになります。またメガバンクの場合、たとえ地元の支店にいる担当者であっても、全国への転勤があるため、いざというときに異動でいなくなってしまうことも十分に起こり得るわけです。このような状況で深い信頼関係を構築するのは簡単なことではありません。

自分の会社のことをよく知っていてくれて、困ったときは気軽に連絡でき、すぐに担当者や支店長が来てくれる。このように心理的にも物理的にも「近い」位置にいる地域金融機関とオーナー経営者とのリレーションは、非常に貴重なものです。

一方で、私たちは、地域金融機関やオーナー経営者に対してM&Aのノウハウの提供やM&Aの実務対応、また全国のM&A情報ネットワークなどを提供することができます。

多忙な本部担当者や支店長が、M&Aを進めるための資料を作るといった「手を動かす作業」を担うのは効率的とは言えません。そのような実務は私たちに任せていただくほうが、地域金融機関のM&A業務の負荷を減らせるでしょう。支店長には、限られた時間の中で、お客さまの課題に応じてベストソリューションを提供するという「コーディネーター」としての役割に注力し、お客さまとのリレーションをより深めていただくのがベストではないかと思います。

私たち日本M&Aセンターには、買い手となる企業の情報が全国から集まってきます。全国の企業を対象としてお客さまにとって理想的なマッチングを行えるのは、地域金融機関にはない強みです。

私は、地域金融機関とオーナー経営者とのリレーションをベースとして、協業により役割分担をしながらＭ＆Ａを進めていくのが理想的だと考えています。

私たち日本Ｍ＆Ａセンターが地域金融機関と協業していることについて、「日本Ｍ＆Ａセンターに丸投げしているのでは？」とイメージする方もいますが、協業するとなればＭ＆Ａ案件を私たちだけで進めることはありません。案件のさまざまな場面を、地域金融機関の本部の方やオーナー経営者と付き合いのある支店長と共有しながら進めています。

お客さまであるオーナー経営者にとって、Ｍ＆Ａというのはさまざまな不安を感じさせるものです。そこで信頼する取引金融機関によるサポートのもと、Ｍ＆Ａ専業機関を活用できるのであれば、安心感を得られやすく満足度も高まりやすいのです。

M&Aがどのように進むか、全体像を把握する

ここからは、私たち日本M&Aセンターと地域金融機関が協働してM&Aを進める場合にどのようなステップを踏むのかを見ていきたいと思います。

M&A成約までの全体像は、大きく13のステップに分けられます。

①M&Aニーズの発掘……地域金融機関から売却ニーズがありそうなオーナー経営者にアプローチし、ニーズの有無を探る

②対象企業が売却可能かどうかのチェック……M&Aで買い手が見つかりそうな企業かどうかをあらかじめ確認する

③売り手のM&Aニーズ喚起……買い手がつきそうな場合、オーナー経営者にM&Aのメリットを説明するなどして売却ニーズを喚起する

④売却対象企業と日本M&Aセンターの提携仲介契約……売却の意思が固まったら、日本M&Aセンターと売り手企業との間で提携仲介契約を締結する。日本M&Aセンター内で支援チームを組成する

⑤案件化（企業評価、事業分析・業界調査、企業概要書作成）……売り手企業に企業評価のための資料を提出してもらう。並行して業界調査を行う。集めた資料などをもとに、日本M&Aセンターが売り手企業についての情報をまとめた「企業概要書」を作成する

⑥マッチング……日本M&Aセンターが持つ、数万件の買い手候補企業のデータベースと約300名の全コンサルタントによるマッチング会議などをもとにマッチングを行い、売り手企業に買い手候補企業のリストを提示する

⑦買い手候補企業へのアプローチ……買い手候補企業が絞り込まれたら、売り手企業についての情報を提供。案件を進めていくことになった場合、日本M&Aセンターと買い手企業との間で提携仲介契約を締結する

⑧**売り手企業と買い手候補企業のトップ面談**……売り手企業と買い手候補企業のトップが面談する。結婚にたとえれば「お見合い」の段階

⑨**条件調整**……売り手企業と買い手候補企業の意向を踏まえ、仲介者である日本M&Aセンターが間に立って買収額などの条件を調整する

⑩**基本合意契約**……調整した条件を反映して「仮契約」を結ぶ。結婚にたとえれば「結納」の段階

⑪**買収監査（デューデリジェンス）**……買い手候補企業が、監査法人や弁護士、公認会計士などを使って売り手企業を詳細に調査する

⑫**最終契約、決済、成約式**……買収監査の結果を受け、仲介者である日本M&Aセンターが間に立って最終的な条件調整を行い、最終契約を締結。同時に買収代金を決済する。最終

契約書に捺印する「成約式」を行う。結婚にたとえれば、成約式が「結婚式」にあたる

⑬**ディスクロージャー**……最終契約を締結した後、従業員や取引先など関係者にM&A情報を開示する

M&A成約までの期間は、一般的には売却対象企業との提携仲介契約から10カ月ほどですが、短い場合は6カ月、長期にわたる案件では2年以上かかる場合もあります。

以下、地域金融機関と私たちが協業して進めるM&Aにおいて、各ステップで地域金融機関の支店と本部、私たち日本M&Aセンターそれぞれが果たす役割や留意点を解説します。

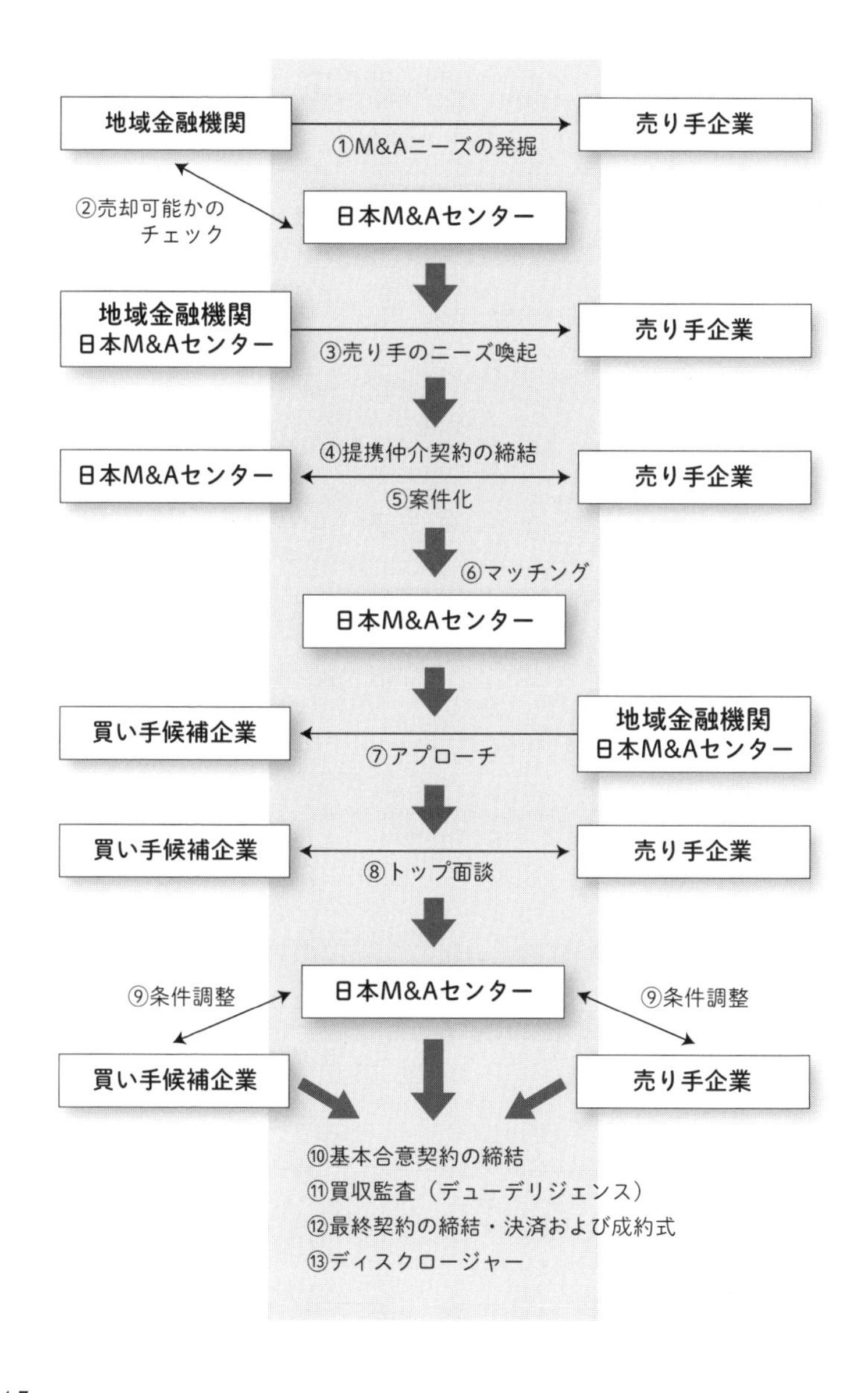
地域金融機関
売り手企業
①M&Aニーズの発掘
②売却可能かのチェック
日本M&Aセンター
地域金融機関
日本M&Aセンター
売り手企業
③売り手のニーズ喚起
④提携仲介契約の締結
日本M&Aセンター
売り手企業
⑤案件化
⑥マッチング
日本M&Aセンター
買い手候補企業
地域金融機関
日本M&Aセンター
⑦アプローチ
買い手候補企業
売り手企業
⑧トップ面談
⑨条件調整
日本M&Aセンター
⑨条件調整
買い手候補企業
売り手企業
⑩基本合意契約の締結
⑪買収監査（デューデリジェンス）
⑫最終契約の締結・決済および成約式
⑬ディスクロージャー

①M＆Aニーズの発掘

M＆Aは、売り手企業の情報を発掘することが最大のポイントと言っても過言ではありません。「売りたい」という企業がなければ、案件は発生し得ないからです。

私たちが独自に売り手企業の情報を集める場合、M＆Aセミナーを開催して関心を持つ経営者の方の参加を募るといった方法があります。また、売却を視野に入れている経営者は自分からM＆A専業会社に問い合わせることも少なくありません。

しかし、こうした方法で売却ニーズを発掘するのには限界があります。というのも、多くのオーナー経営者にとってM＆Aは身近ではなく、M＆Aという言葉に「ハゲタカ」「身売り」といったネガティブなイメージを持っている人もいる中、M＆Aを検討するきっかけさえないというケースも多いからです。

そこで必要なのが、地域金融機関です。

支店の担当者は、日頃からオーナー経営者と接し、経営の悩みから家族構成まで深く知っていることでしょう。これは、オーナー経営者自身が自社の売却について考え始めるより前に、後継者不在による廃業のリスクなどに気づいて潜在的なニーズを察知できる立場にあることを意味します。

M&Aニーズが発生する前のシーズの段階でオーナー経営者と接点を持てるという点で、地域金融機関はとても有利であり、M&Aニーズを発掘することにおいてM&Aにおける他のプレイヤーの追随を許さないと言っていいでしょう。つまりM&Aでは「売り手企業の情報発掘力」こそ地域金融機関の最大の強みであり、注力すべきポイントだということです。

売り手企業の情報発掘と言っても、「支店の担当者が事前にあたりをつけてM&Aの提案に行く」といった手間をかける必要はありません。実際にうまくニーズを発掘している地域金融機関では、日常の取引先とのやりとりの中でM&Aのニーズを察知しています。

たとえば、オーナー経営者との会話から家族構成や家庭内の状況をつかんでいれば、「娘さんしかいないとなると、男性偏重のこの業種で会社を継がせようとは思っていないのではないか」「息子さんがいるけれど、社長は子どもが東京で大企業に勤めていることをいつも自慢しているし、家業を継がせる意思はなさそうだ」などと想像できるかもしれません。あるいは息子が社内にいて専務や常務になっているケースでも、オーナー経営者の口から「息子は経営感覚がない」などという愚痴を聞くことがあれば、後継者問題に頭を悩ませている可能性を考えることができるでしょう。

常に経営者と接している支店の担当者なら、日常業務の中で潜在的なM&Aニーズへのアンテナを張っておきさえすれば、「この社長はもしかして……」とニーズのありそうな取引先を見つけることができるものです。そういった企業が見つかったら、一歩踏み込んでこちらからニーズを探ってみるのです。

たとえば、私たち日本M&Aセンターでは、経営者向けの事業承継セミナーや、無料の株価診断などのサービスを提供しています。そういったものを活用し、「経営者の方向けの事業承継セミナーがあるのですが、一度参加してみませんか?」「株価の無料診断サービスがありますが、ご興味はありますか?」などと声をかけてみてもいいでしょう。

ニーズの発掘法やオーナー経営者の意向の探り方などの具体的なノウハウについては、第3章で詳しく取り上げます。

②対象企業が売却可能かどうかのチェック

売却のニーズがありそうな企業が見つかっても、すぐにM&Aを勧めるわけではありません。いくらオーナー経営者が「ウチの会社が売れるものなら売りたい」と思ったとしても、買い手が見つからない可能性もあります。取引金融機関が「売れる前提」でM&Aを提案した後で「やはり売れません」ということになれば、信頼関係を損ないかねませんから注意が必要です。

私たちは、そのような事態が起きないよう、協業している地域金融機関とは密に情報をやりとりしています。買い手が見つかりそうかどうかは、地域金融機関だけでは判断が難しい面があるからです。

もちろん、対象となる企業については取引金融機関の担当者が誰よりも詳しく知っているでしょう。しかし売れるかどうかを判断するには、対象企業の業績やビジネスに関する情報だけでは足りません。全国のM&A市場のトレンドを踏まえ、当該企業はニーズが高い業種なのかどうかといった観点からもチェックする必要があります。その見極めには、M&Aの経験や市場動向の把握が欠かせないのです。

地域金融機関の本部にM&Aを長く担当している経験豊富な人材がいる場合、現場で「この会社なら高い確率で買い手が見つかる」などと早々に判断して次のステップに進めていくケースもあります。しかし売れにくい会社のオーナーに必要以上の期待を抱かせてしまうリスクが懸念される場合は、全国でさまざまな企業のM&Aを手掛けている日本M&Aセンターのデータや経験をもとに、買い手を見つけにくいということを踏まえてお客さまに提案したほうがいいでしょう。

③売り手のM&Aニーズ喚起

買い手がつきそうな企業である場合は、M&Aのニーズを積極的に喚起するステップに進みます。M&Aに対するネガティブなイメージを払拭し、メリットを伝え、M&Aに対して興味を持ってもらえるようであれば、決断に向けて背中を押していくのです。

もちろん、M&Aを決断するのはオーナー経営者にとって非常にハードルが高いことです。

自分が長年にわたり育ててきた会社を売却するのですから、身を切られる思いがするのも無理はありません。とてもセンシティブな問題ですから、背中を押すときには細心の注意が必要になります。

オーナー経営者にどのようにアプローチするかはケース・バイ・ケースですが、日本M&Aセンター担当者と地域金融機関本部のM&A担当者、支店長が一緒にオーナー経営者に会い、M&Aについて提案するケースはめずらしくありません。

私たちは、こうしたオーナー経営者への対応についてノウハウを蓄積しています。基本的には事業承継の方法について丁寧に説明し、親族承継と社員承継とM&Aの三つしか選択肢はないこと、親族や社員などの中に後継者となれる人材がいない場合は現実的にはM&Aしか残された道はないことを伝え、理解を得て進めていくのが「王道」のアプローチです。

このようなアプローチは、地域金融機関では対応が難しい面があります。

たとえば「お孫さんがいずれ継いでくれるかもしれないというお話ですが、お孫さんはまだ5歳、20年待てば社長は90歳ですから、現実的には難しいのではないでしょうか」といったような、言いにくいことも言わなければなりません。地域金融機関としては、長い付き合いがあるオーナー経営者に厳しい現実をどう突きつけるのかというのは悩ましい問題です。

あるいは、オーナー経営者にM＆A市場の動きについて説明し、「マーケット環境を考えると、いま売却の決断をせず5年後や10年後に『やはり売却したい』と思っても、買い手を見つけるのは難しいでしょう。社長はまだまだご活躍できると思いますが、決断するのであれば今がベストです」といった話をする必要がある場合もあります。このような話は、M＆A市場の環境について熟知していなければできません。

また、地域金融機関では、日頃からオーナー経営者と接点を持っていることが「押す力」を弱めてしまう可能性もあります。「次に来たときに話してみよう」「今日はM＆Aの話を切り出せなかったから、またの機会に」というように対話を先送りすることが起きがちだからです。

この点、私たちが「背中を押しに行く」場合、チャンスにかける意気込みは相当強いと言えます。もしその場で説得力のある話ができず、オーナー経営者から「日本M＆Aセンターから来た担当者はあまり信用できそうにない」などと思われるようなことがあれば、次に会ってもらえる可能性が消えかねないからです。これは、長期的なリレーションを持つ地域金融機関との大きな違いであると思います。

一方で、M&Aニーズ喚起の段階においては、支店長の力も非常に重要です。私たちは「背中を押す力」が強い半面、短期間でオーナー経営者の信用を勝ち得るのは必ずしも容易ではなく、「この人の言っていることを信用していいのか」と疑いの目を向けられることもあります。

そのような場面では、私は支店長こそオーナー経営者の味方になっていただくのが望ましいと思っています。もしM&Aに対して拒絶感が強い場合、支店長は私たち日本M&Aセンターを「悪者」にしてもいいのです。常に「社長の味方」であることが、地域金融機関と取引先企業との信頼関係の基盤だからです。

また、オーナー経営者が悩んでいて「支店長、どう思う?」と聞かれたときに、そっと背中を押せるのも支店長です。「もちろん、最終的に決断するのは社長ですよ。ですが、M&Aも有効な選択肢の一つだと思います」。信頼関係のある支店長の言葉は、日本M&Aセンターの担当者の言葉よりずっと重みがあり、オーナー経営者への響き方が違うはずです。「支店長がそう言ってくれるなら」と安心感を持ってもらうことが、決断を後押しすることになるでしょう。

もちろん、売却するかどうかを判断するのはオーナー経営者自身であり、「M&Aをやるべきだ」と強引に誘導することがあってはなりません。

私たちが事業承継についてオーナー経営者にお話しするとき、「親族承継」「社員承継」「M&A」という三つの選択肢から最適なものを選んでいただくようにしています。私たちのグループ内には、親族承継や社員承継を支援できるよう事業承継コンサルティングを専門とする株式会社事業承継ナビゲーターや、社員承継の際にMBOファンドを通じて買収資金の手配をサポートする日本プライベートエクイティ株式会社も擁していますから、オーナー経営者がどの道を選んでも対応可能です。

M&Aを無理に決断させるようなことがあれば、途中で「やっぱり売るのは止めたい」と言われてしまう可能性が高くなりますし、仮に成約に至っても「売らなければよかった」と後悔させてしまう事態になれば、地域金融機関の信用を損ねるおそれもあります。最終的には、オーナー経営者の意向を最大限に尊重することが重要であることを忘れてはならないと思っています。

④売却対象企業と日本M&Aセンターの提携仲介契約

売り手企業のM&Aの意思が固まったら、日本M&Aセンターと売り手企業との間で提携仲介契約を締結します。この契約を行うことで、具体的なM&A仲介業務開始となります。提携仲介契約では、日本M&Aセンターの仲介会社としての業務内容のほか、着手金・成功報酬などの手数料、契約期間などを明記します。また、この契約を結ぶ段階で、日本M&Aセンターは売り手企業から「着手金」を受け取ります。

着手金を受け取るのは、売り手企業の意思をしっかり確認するという意味があります。コストが発生しないとなれば、売り手企業側には「とりあえず進めてもらって、やっぱり嫌だとなればやめてもいい」という考えが浮かびやすくなるでしょう。こうした中途半端な「生煮え」の状態で案件が進めば、売り手企業側が途中で「売りたくない」と意思を翻すリスクが高くなってしまいます。買い手企業との提携の話がある程度進んだ後に意思を翻された場合には、トラブルに発展する可能性も高くなります。着手金の支払いは、売り手企業の確固とした売却の意思を示すものでもあるのです。

なお、地域金融機関が単独でＭ＆Ａ業務を行う場合、一般にはこの段階で着手金を受け取ることはありません。買い手企業が見つからない可能性を考えると、返金処理をどうするのかといった問題が生じるおそれがあるためです。売り手企業にとっては「とりあえず進める」のに抵抗がないとも言えますが、生煮えで案件が進むリスクは高いと言えるでしょう。

提携仲介契約を締結すると、日本Ｍ＆Ａセンター内ではその案件のプロジェクトチームを組成します。営業担当者のほか、公認会計士や税理士といった会計の専門家および弁護士や司法書士といった法務の専門家がチームのメンバーとなります。私たちはこれらの資格を保持する専門家を社内に約30名抱えており、全員がＭ＆Ａの実務に精通しているのが強みの一つです。

⑤案件化（企業評価、事業分析・業界調査、企業概要書作成）

提携仲介契約を締結したら、次のステップとして、売り手企業から経営実態を詳細に把握するための資料を提出してもらいます。提出書類は種類が多いうえ、売り手企業に「提出してください」と言えばすぐもらえるものばかりではないので、資料集めにもさまざまなノウハウが必要です。

一般には、オーナー経営者が財務についてしっかり把握していれば話はスムーズです。しかし「財務は経理部長に任せきりで、自分はまったくタッチしていない」という経営者は少なくありません。このようなケースでは経理担当者の協力を得る必要がありますが、一方で、M&Aを進めているということを社員に伝えることは原則として避けるべきです。情報が漏れれば社内に動揺が起きることは避けられませんし、社外で「身売りするらしい」などと噂が広がってしまえば業務に支障をきたしかねないからです。

そこで経理担当者には、「金融機関から融資を受けるために提出する資料が必要」といった

必要資料一覧

※会社によっては存在しないものもありますが、存在する場合は下記のものがすべて必要になります。

●カテゴリー		●必要資料
Ⅰ　**概要**	会社概要	会社案内、製品・サービスのカタログ
		店舗・事業所の概要
		定款
		会社商業登記簿見本（法務局より最新の履歴事項全部証明書を入手）
		免許、許認可、届出
		株主名簿
		議事録（株主総会、取締役会、経営会議等、添付資料含む）
Ⅱ　**財務**	決算資料	決算書・期末残高試算表・勘定科目内訳明細　3期分
		法人税・住民税・事業税・消費税申告書　3期分
		固定資産台帳（減価償却台帳）　3期分
		会計ソフトデータ　3期分（提出を推奨）
	月次資料	月次試算表（直近期1年分および進行期分を「月次」で↓着手後も定期的に提出）
		資金繰表（実績および予定）
	時価関係	支払保険料、租税公課の勘定元帳　3期分
		生命保険・倒産防止共済の解約返戻金資料（直近期末時点で保険会社等から入手）
		株式・ゴルフ会員権等の保有状況がわかる資料（取引残高報告書、ゴルフ会員権の写し等）
		金融商品・デリバティブの直近期末時点および最新時価資料（為替予約、スワップ、仕組み債等）

区分	項目	資料
III 事業	事業内訳	採算管理資料 3期分(部門別・商品(製品)別・取引先別等)
		売上内訳 3期分(部門別・商品(製品)別・取引先別等)
		仕分内訳 3期分(部門別・商品(製品)別・取引先別等)
		事業計画(今後5期程度の予想売上・利益・設備投資等)
IV 不動産	不動産登記簿謄本	不動産登記簿謄本および公図(オーナー様から対象会社に賃貸している物件があれば含む)
	固定資産税課税明細	固定資産税課税明細書(オーナー様から対象会社に賃貸している物件があれば含む)
	不動産賃貸契約	不動産賃貸契約書
V 人事	組織、人事規程	組織図(組織別人員数のわかるもの)
		主要役員・部門長の経歴書
		社内規程(特に就業規則、給与・賃金規程、退職金規程、役員退職慰労金規程)
		中小企業退職金共済「掛金納付状況票・退職金試算票」(直近期末時点)
	従業員データ	従業員名簿(生年月日・入社年月日・役職・保有資格のわかるもの)
		給与台帳(直近期末分)
		賞与台帳(直近1期分)
VI 契約	契約・認可	銀行借入金残高一覧(返済予定表、差入担保一覧)
		金銭消費貸借契約書
		リース契約書の写し、リース契約一覧
		取引先との取引基本契約書
		生産・販売委託契約書
		連帯保証人明細表
		株主間協定書
		その他契約・認可

説明をすることになりますが、M&Aのために集める資料は、ふだん金融機関が取引先からもらっている資料に比べて種類が多く、内容も詳細なものが必要です。このため「これまで融資を受けるときにそんな数字を出したことはない。なぜその資料が必要なのか」「ウチの会社は信用が落ちているのではないか」といった疑念を抱かせてしまう可能性もあります。

その対策として、私たちは事前にオーナー経営者と打ち合わせをしています。経理担当者の性格や過去のやりとりなどもヒアリングし、たとえば「経理担当者には、今回の融資は県の制度融資を活用するからいつもよりも必要資料が多いと伝えてください」とアドバイスしたり、「経理部長には頼まず、なるべく顧問税理士からもらいましょう」と提案したりするのです。また、状況に応じて経理担当者だけにはM&Aを進めていることを開示して協力を仰ぐことを検討するケースもあります。

場合によっては、支店長に「役者」として協力してもらうこともあります。オーナー経営者から経理担当者に「金融機関から5カ年の事業計画を作るように言われた」と伝えてもらい、支店長が経理担当者とやりとりして必要な資料を集めるわけです。

このほか、財務関係のデータの在りかがわかっている場合、売り手企業の休業日に私たちの担当者が出向き、オーナー経営者と一緒にオフィスに入って必要なデータを持ち帰ることもあります。

資料が集まったら、売り手企業の売却価格の目安となる株価を算定する「企業評価」、適切な買い手企業を探すための「事業分析・業界調査」を行い、買い手候補企業に売り手企業を紹介するための「企業概要書」を作成します。

これら三つを私たちは「案件化」と呼び、次のステップへ進むために一体化して進めていきます。

企業評価には、専門的な知識だけでなく、M&Aの豊富な経験が求められます。

企業評価については、企業の時価ベースの純資産を基準とする「時価純資産価額法」を使うケースが多いと言えます。この手法は中小企業の価値を表すのに適していると言われている一般的なものです。公認会計士や税理士などの専門家であれば、売り手企業から資料をもらえれば機械的に株価を算出するのはさほど難しくないでしょう。

しかし問題は、機械的に計算した株価が本当にM&A市場における売り手企業の価値を示しているのかという点です。

たとえばM&A市場で需要が高い業種であれば、「のれん（営業権。買収額のうち売り手企業の純資産を上回る分で、売り手企業のブランド価値など見えない資産を評価したもの）」が高くなりますし、逆に業界の先行きが不透明な場合は「のれん」を少なく見積もる必要があります。つまり、さまざまな業界の動向を把握し、さらにM&A市場の状況を踏まえ、相場観を持たなければ適切な株価の算定はできないわけです。

オーナー経営者からすれば、「具体的にウチの会社はいくらで売れそうなのか」は最大の関心事ですから、日本M&Aセンターでは算出した株価について企業評価書をベースに説明します。オーナー経営者が希望する価格と算出した価格が大きく乖離するケースは少なくありませんが、たとえばオーナー経営者が「ウチの会社を5億円で売りたい」と言ったとして、算出した売却価格の目安が4億円であれば、根拠を持ってそれを伝えておくことが重要です。このステップをきちんと踏んでおかないと、せっかく4億3000万円で買ってくれる企業を見つけてきても「5億円だと言ったはずだ」などと食い違いが発生し、案件が破談してしまうことになりかねないからです。

なお、オーナー経営者は自分が見積もった金額よりも低い価格を示されれば気分を害してしまうこともありますから、付き合いの長い地域金融機関がこうしたやりとりを直接するのは難しいでしょう。企業評価書はあくまで私どもが作成したものであるということを前提に、日本M&Aセンターが「仲介者、第三者」として価格を提示する意義があります

事業分析・業界調査では、売り手企業の事業内容や業界の状況を詳細に分析します。M&Aでは、売り手企業と買い手企業の相乗効果の有無が重要です。相乗効果をできるだけ大きくするにはどのような買い手企業であることが望ましいのかを検討するため、売り手企業の業務プロセスや強み・弱み、また業界についてもどのような機会や脅威があるのかなどを明らかにする必要があります。

私たち日本M&Aセンターは、グループ内に産業構造調査や市場規模・シェア測定、競合調査などを手掛ける株式会社矢野経済研究所を擁しているほか、業界調査の専門企業とも提携しています。これらのデータベースを駆使できるのは強みの一つです。

企業概要書は、集めた資料を活用し、企業評価や事業分析・業界調査の結果を踏まえて売り手企業についての情報をわかりやすくまとめたものです。業界概況、会社概要、会社沿革、

事業内容（商材・サービス）、強み・弱み／機会・脅威、組織のキーパーソン、事業フロー、得意先・仕入先、財務状況などを網羅し、株主の状況や売却希望価格などM&Aに必要な情報も記載します。

買い手企業に対しては、この企業概要書は売り手企業の内容を正確に理解してもらうための重要な資料となります。

さらにもう一つ、企業概要書の作成には、売り手企業に客観的な自社の状況を見てもらうという目的もあります。

企業概要書は、買い手候補企業がM&Aを進めるかどうか意思決定するために十分な情報をまとめることに加え、見やすくわかりやすいことも重要です。M&Aを結婚にたとえるなら、企業概要書は釣書のようなものであり、「買う気をそそる」ものでなければならないからです。

日本M&Aセンターでは、企業概要書はパワーポイントで30〜40ページにまとめます。スキルが必要であり作業負担も軽くはありませんが、企業概要書の完成度はM&A案件の成否に関わるため手間は惜しみません。

M&Aは買い手企業にとっては「高額な買い物」であり、「営業担当者」である日本M&A

センターの担当者が「商品」である売り手企業について深い理解を持って臨むことは、「商談」には欠かせません。たとえば高級車を買おうかどうしようか検討しているとき、ディーラーでエンジン性能などについて質問して「私はよくわからないのでエンジニアに聞いてみます」「それはちょっとすぐには答えられません」などとあいまいな返事ばかりされたら、そのディーラーで買いたいとは思えないでしょう。

企業概要書を丁寧に作れば売り手企業について理解を深められ、それは日本M&Aセンターの担当者に対する買い手企業の信頼を高めることにもつながります。そして、この負荷のかかる作業を長年にわたり何件も積み重ねてきたことが、買い手企業や地域金融機関からの私たちに対する評価や信頼を高めることにつながったと自負しています。

案件化のステップでは膨大な作業が発生します。多忙な支店長がこれらの作業に関わるのは現実的ではありませんし、そもそもこういった実務を支店で担う必要性はありません。ここは基本的に私たちや本部が対応し、支店長はM&Aのコーディネーターとして主にオーナー経営者とのコミュニケーションを担うという役割分担が望ましいと言えます。

⑥マッチング

案件化の次は、買い手の候補となる企業をリストアップするステップに進みます。

私たちは、社内に全国数万件の買い手候補企業のデータベースを持っています。また、300名を超えるコンサルタントが日々、企業買収を検討している会社に出入りして情報を収集しています。さまざまな会社の社長や経営企画室長と面談し、会社の戦略やどんな企業を買収したいと考えているのかをヒアリングしているのです。

案件化が完了した売り手企業の情報は、日本M&Aセンター内の「マッチング会議」で共有されます。マッチング会議とは、コンサルタントが一堂に会して売り手企業の情報を一件一件共有し、「自分が担当している企業が買収に興味を持ちそうかどうか」を考えるための場です。一つの売却案件に対しておよそ300名のコンサルタントがマッチング可能な買い手企業がないかどうかを検討するため、買い手候補となる企業のリストは人気業種であれば100~150社にものぼります。

候補が多く挙がった場合、数が多すぎても選びにくくなりますから、売り手企業の担当者が中心になって30社程度に絞り込み、売り手企業側にリストを提示するのが一般的です。

数万件のデータベースを持ちながらこうした手間のかかるアナログな方法をとっているのは、マッチングというのは企業風土が合うかどうか、相乗効果が十分に得られそうかどうかなどの判断が必要であり、買い手候補を機械的に探すことはできないからです。実際、「これは」というベストマッチングが生まれるのは長くM&Aの経験を積んできたコンサルタントの見立てによるケースが多いと言えます。

マッチングについては、地域金融機関がよい買い手の情報を持っているケースがあります。本部のM&A担当者が県内で買収意欲のある企業をくまなく訪問し、各社の戦略を熟知している地方銀行などもあります。

しかし、地域金融機関がマッチングをすべて担うと、買い手候補が同じ都道府県内の企業に限定されがちになるという問題があります。この点、全国から条件に合致する企業をリストアップできるのは私たちの強みです。

マッチングについては、買い手企業の発掘に注力している地域金融機関と私たちが協業する場合、本部のM&A担当者に県内の候補企業を挙げてもらい、私たちが他県の買い手候補企業をリストアップするという方法もあります。

いずれにしても、できるだけ幅広い候補の中から売り手企業がベストな相手を選べるようにして、最終的に売り手企業と買い手企業、双方の満足度を高めるM&Aの実現を目指していくことが重要です。

⑦買い手候補企業へのアプローチ

マッチングにより買い手候補として浮上した企業に対しては、最初に売り手企業に関する「ノンネーム資料」を提示します。ノンネーム資料とは、売り手企業が特定されないよう企業名などを伏せて最低限の情報のみを記載したものです。

買い手候補企業からすれば、買収を検討するとなれば詳しい情報を知る必要があります。しかし買い手候補企業はときとして売り手企業の競合企業であるケースもありますから、売り手がM&Aを進めているという事実を軽々しく知らせるわけにはいきません。

そこでまずはノンネーム資料を提示し、買収を前向きに検討する意思がある場合、私たち日本M&Aセンターと買い手候補企業との間で秘密保持契約（次ページ）を締結します。その後、詳細な情報を記載した企業概要書を用いての提案に入るわけです。

このようなステップを踏むのは、M&Aの情報が漏洩するリスクを可能な限り小さくするためです。

もし買い手候補企業に悪意があり、競合企業の情報を得ることだけを目的に「ぜひ前向きに買収を検討したい」と言っていた場合、秘密保持契約を結ばずに企業概要書を渡せば、その内容をもとに売り手企業が営業妨害されるおそれもあります。また、買い手候補企業がA社、B社、C社と複数ある場合、秘密保持契約を結ばず3社に企業概要書を提示すれば、売り手企業がA社を交渉相手に選んだときにB社やC社が案件のブレイクを目論んでM&A情報や企業概要書の中身などを業界内に流すことも考えられるでしょう。

もちろん「人の口に戸は立てられぬ」という言葉のとおり、秘密保持契約を結んだからと言って完全に情報漏洩を防ぐことはできません。しかし、私たちは秘密保持契約の実効性をできる限り高めるため、買い手候補企業には守秘義務の重要性を丁寧に説明し、M&Aに関連する情報を共有する社員を限定するよう依頼しています。ま

秘密保持契約書

株式会社○○（以下、「甲」という。）と株式会社日本M&Aセンター（以下、「乙」という。）は、乙が甲に対して提案する企業提携候補者（以下、「企業提携候補者」という。）との企業提携の実現に向けた検討（以下、「本検討」という。）のために、甲及び乙が相互に開示する情報の取扱い等について、以下のとおり秘密保持契約（以下、「本契約」という。）を締結する。

（定義）
第１条　本契約における企業提携とは、株式譲渡・株式譲受を含む資本提携、株式交換、企業合併、合弁会社設立等の共同出資事業、事業譲受・事業譲渡、資産譲渡、生産・販売・技術・開発及び人事提携等一切の形態を含むものとする。

以下省略

（秘密保持）
第２条　甲及び乙は、秘密情報を厳重に秘密として保持し、相手方の事前の承諾なく第三者に開示、漏洩してはならない。但し、甲及び乙は、本検討のため合理的に必要な範囲で、自己の役員及び従業員、弁護士、公認会計士、税理士、司法書士並びにその他甲又は乙の委託する専門家（以下これらを総称して、「自己の役員及び従業員等」という。）に対し、秘密情報を開示することができる。

以下省略

た、秘密保持契約書には代表印を押してもらうだけでなく、買い手候補企業の中で企業概要書を受け取る人には全員サインしてもらうといった対策を講じています。個人レベルで情報共有するメンバーを特定して署名させるという手続きを経ることで、買い手候補企業に情報漏洩を起こさないよう強いプレッシャーをかけているわけです。

買い手候補企業が買収に向けて案件を進めることを決めたら、その段階で買い手候補企業と日本M&Aセンターとの間で提携仲介契約を締結し、日本M&Aセンターは買い手候補企業から着手金を受け取ります。ここで初めて売り手企業から提出してもらっている「生資料」を買い手候補企業に提供し、買い手候補企業はより詳細な検討を進めていくことになります。

このときに受け取る着手金は、案件が成立しなくても原則として返金しません。これは、そもそも着手金が「売り手企業の情報を提供するのに必要な実費相当額」という考え方に基づいていることに加え、買い手候補企業が「買収に対して本気であることを確認」する意味もあります。私たちは、売り手企業のセンシティブな情報を開示することを鑑み、この段階で買い手候補企業に相応の負担を求めるべきだと考えているのです。買い手候補企業がM&A

が成約するかどうか不明な段階で手数料を支払うことに同意しない場合、売り手企業を守るという観点から提携仲介契約の締結に至らないこともあります。

なお、近年は売り手企業、買い手企業双方に対する着手金の引き下げや、中には着手金を不要とするM&A専業会社もあります。しかし、私たちはこうした傾向には与せず、売り手企業にも買い手企業にも着手金の支払いによりM&A案件を進める意思を明確にしてもらうことを重視しています。

買い手候補企業へのアプローチについては、私たち日本M&Aセンターが仲介者として担うことがM&A案件進行の迅速化につながります。

地域金融機関が買い手候補企業に声をかけるケースでは、買い手側が自行の取引先であることが多いものです。この場合、複数の取引先に同時に声をかけることは仁義の問題があり難しいでしょう。

そこで1社ずつ声をかけていくと、一つの買い手候補企業が案件の検討に2～3週間の時間をかけるだけで、あっという間に半年、1年と時間が過ぎてしまいます。私たちであればこうしたしがらみがないため、複数の買い手候補企業に一斉に案件を提案できるのが強みです。

また、取引先からのクレーム防止という観点からも、買い手候補企業へのアプローチは私たちに任せていただいたほうがよいでしょう。

たとえば地域金融機関が取引先のA社に買収案件を持ち込んでM&Aが成約した場合、同業の取引先B社から「どうしてA社に話を持っていったのか。ウチに提案してくれていたら先に買ったのに」とクレームが入るという問題は実際に起きています。このような場合も、私たちが買い手候補企業へのアプローチを担っていれば、「仲介者が売り手企業の意向を最優先した」、あるいは「A社のほうが望ましいと仲介者が判断した」と説明すれば問題が大きくなることはありません。

⑧売り手企業と買い手候補企業のトップ面談

買い手候補企業が絞り込まれたら、買い手候補企業と売り手企業の経営者同士が顔を合わせる「トップ面談」を実施します。結婚にたとえるなら、トップ面談は「お見合い」のステージです。

具体的には、私たち日本M&Aセンターが面談の場を設定し、式次第も作成したうえで、売り手と買い手候補に話し合いをしてもらいます。地域金融機関からも本部のM&A担当者の方が来て、同席するケースが多いです。

トップ面談は一度だけではなかなか相互理解を深めきれないため、複数回実施することが少なくありません。一般的には2~3回行います。方法や面談場所は売り手企業、買い手候補企業のニーズに応じて柔軟に対応しており、たとえば売り手の会社、買い手候補の会社の両方で実施することもあれば、日本M&Aセンターで面談したり、遠方の企業同士の場合は中間地点でホテルの一室を借りたりすることもあります。また、この段階で工場などの現地視察を組み込むこともあります。

トップ面談の実施にあたり、私たちは売り手側、買い手候補側と事前に入念な打ち合わせをしています。ただ引き合わせるだけでは円滑なコミュニケーションは望めませんし、場合によってはその場で揉めるといったトラブルも起こりかねません。そのような事態にならないよう、トップ面談の場で話してほしいこと、触れてはいけないことを整理しておくのです。

たとえば、買い手候補企業のトップには、売り手企業のトップに対して創業の経緯や売却しようとしている理由などのほか、どんな企業に譲りたいと思っているのかといった点を、売り手側のトップには、買い手候補側のトップに対してなぜ自社に興味を持ってくれたのか、譲り受けた際にはどのように会社を経営していきたいのか、社員の処遇をどう考えているのかといった点などを、直接尋ねるようアドバイスしています。

もちろん私たちからも事前にこれらの点は伝えていますが、トップ面談を実施する意義は、相手の思いを直接聞くことにこそあります。これは、結婚を考えてお見合いをする場面についてイメージしていただくとわかりやすいでしょう。仲人から相手の情報を聞いていたとしても、お見合いの場では相手から直接話を聞こうとするはずですし、相手の思いを聞いてこそ会う意味があると言えます。

触れてはいけない点として、価格の話は絶対にしないということが大切です。条件交渉については仲介者が間に入って慎重に進める必要があり、特に買収価格についてはトップ同士が直接やりとりすると話がこじれたり感情的になったりしがちだからです。

▶トップ面談の式次第

トップ面談のご案内

日　　時：　平成30年○月○日（○曜日）10:00〜12:00
会　　場：　本社見学：株式会社○○工業本社（千葉県○○市○○）
　　　　　　ご面談　：○○銀行○○支店（千葉県○○市○○）

ご出席者：			
株式会社○○工業	代表取締役	○○　○○	様
	総務部	○○　○○○	様
株式会社○○産業	代表取締役	○○　○○	様
	新規事業部 部長	○○　○○	様
株式会社○○銀行	○○支店 支店長	○○　○○	様
株式会社○○銀行	ｺﾝｻﾙﾃｨﾝｸﾞ営業部	○○　○○	様
株式会社日本M&Aセンター	金融法人部長	鈴木　安夫	
	金融法人部	○○　○○	

〜・〜・〜　式　次　第　〜・〜・〜

1．10:00　**【集合・名刺交換】**
・集合場所：株式会社○○工業本社（千葉県○○市○○）

2．10:05　**【ご挨拶・ご紹介】**
・株式会社日本M&Aセンター　○○より　進行のご挨拶

・株式会社○○工業　○○代表より　会社案内、資本提携の検討背景　等

・株式会社○○産業　○○代表より　会社案内、資本提携の検討背景　等

3．10:30　**【○○銀行○○支店に移動】**

4．11:00　**【ご面談】**
・事業の詳細、提携した場合のシナジー、双方に期待すること、お互いの社風　等に関してご両者間で意見交換をお願いします。

5．11:55　**【最後に】**
・株式会社日本M&Aセンター　鈴木より

※目安の時間を記載させていただいております。

緊急連絡先：070-0000-0000（日本M&Aセンター　○○）、070-0000-0000（日本M&Aセンター　○○）

トップ面談が始まったら、仲介者の場をさばく力量も問われます。

たとえば、事前に打ち合わせしていた質問内容について会話の中で出てこないときは、「社長、そういえばこの間、社内の雰囲気について詳しく聞きたいとおっしゃっていましたよね」といったように水を向けることも必要です。

あるいは口数の少ないトップ同士の面談の場合、話題が途切れてしまうことがあります。そのような場面で「そういえば社長、この間、旅行に行かれたんですよね？」などと話題を振るのも仲介者の役割です。

⑨条件調整

トップ面談を終えたら、M&Aの大まかな条件を調整します。主な項目は、買収価格（株価や退職金などの総額）、売り手企業の社員の処遇（役員や社員の引き継ぎ条件）、売り手企業の社長の処遇（会長として残るかどうかや引き継ぎ期間など）、契約時期等です。

最大の山場は、やはり買収価格の調整です。基本的に、売り手側と買い手側の希望が合致することはあり得ません。他の条件が同じなら売り手側はできるだけ高く、買い手側はできるだけ安く買いたいというのが本音ですから、これは当然のことでしょう。つまり、お互いが主張を譲らなければ、M&Aは成約し得ないわけです。

そこで、売り手と買い手の双方から譲歩を引き出し、どちらも納得できる「落とし所」に近づけていくのが第三者である仲介者、つまり私たち日本M&Aセンターの役割です。

価格の調整は、M&Aにおいて最もノウハウが必要な場面と言ってもいいかもしれません。双方の希望をそのまま伝えるだけでは直接交渉するのと変わりませんから、言い回しやタイミングなどに細やかな工夫が必要なのです。

たとえば、買い手企業側の意向を売り手企業側に伝える場合、状況などをよくヒアリングしたうえで、「先方のトップはできるだけ売り手側の希望に添いたいとお考えなのですが、社外取締役からその価格で買うのは了承できないと言われて悩んでいらっしゃいます。もう少し譲歩できないでしょうか」などと理由を説明すれば、売り手企業側も「多少は譲歩しようか」と考えるかもしれません。

調整を進めていると、売り手企業側が「これ以上価格は下げられない」、買い手企業側は「これ以上は払えない」と主張が平行線になることもあります。そのような場面でも、日本

M&Aセンターの担当者の努力によって事態が打開することは少なくありません。

たとえば、売り手企業側が「もう一度交渉してみてほしい」と言う場合、そこで「これ以上はとても無理です」と断るのではなく、買い手企業側に「これ以上の買収価格の引き上げが難しいことは重々承知していますが、もう一度お話しさせてください」と頼み込んで足を運ぶこともあります。さらに、たとえば売り手企業側に「2時間かけていろいろお話ししましたが、どうしても難しいと言われました。社長が納得できないのであれば、どうなさいますか?」と尋ね、それでも諦めきれないと言われれば、また買い手企業側に話しに行くということもあるでしょう。

こうして手間を惜しまず丁寧に調整を進めることが、売り手企業側、買い手企業側の双方に納得感をもたらすための有効な手立てとなるのです。

もちろん、最終的に条件を調整できた場合でも、双方に100%「満足」してもらうのは難しいと思います。お互いに譲り合ってもらってやっと着地点を見出すわけですから、株価だけ見ればどちらにも少し不満が残ることは避けられません。その不満も含め、交渉のプロセスを重視し、いかに「納得」してもらうかが仲介者の腕の見せどころです。

条件調整に関しては、地域金融機関のみで仲介するのはより難しいと言えます。売り手企業側と買い手企業側がどちらも取引先というケースが多いため、価格を調整しようとすると「ウチとは長い付き合いなのに、どうしてあちらの肩を持つのか」といった不満が出やすいからです。

なお、私たちは売り手企業と買い手候補企業の双方と提携仲介契約を結んでいますが、売り手企業と買い手候補企業の担当者を明確に分けています。このため、「担当者が相手の肩を持っている」という不満は生じにくいと言えます。

⑩ 基本合意契約

大まかな条件が固まったら、売り手企業側と買い手候補企業側の間で「基本合意契約」を締結します。これは結婚にたとえれば「結納」の段階です。基本合意契約を結ぶと独占交渉権が発生し、以後は一対一で交渉を進めていくことになります。

基本合意契約書には、これまでの交渉の過程で売り手企業、買い手候補企業が合意したことを記載し、相互に確認します。具体的には、買収価格などの大まかな条件のほか、M&Aの契約予定日、有効期限、有効期限内の独占交渉権の付与、買収監査の実施についての具体的事項などが盛り込まれます。

基本合意契約は、一般には「仮契約」とも呼ばれます。「仮」というと破棄しても問題ないというイメージを持つ人もいますが、「どうせ仮契約だから」とあいまいな部分を残しておくと案件が破談するリスクが高くなるので注意が必要です。案件を高確率で成約させる担当者は、基本合意契約の時点で最終契約に近いところまで内容を詰めていることが多いと言えます。

⑪ 買収監査（デューデリジェンス）

基本合意契約を結んだら、買収監査（デューデリジェンス、DD）を実施します。

買収監査とは、買い手企業が監査法人、公認会計士や税理士、弁護士などの専門家に依頼し、売り手企業の実態やリスクを詳しく調べることを言います。この段階まで、買い手企業は売り手企業から提出された資料をもとにM&Aを検討してきたわけですが、その資料の内容に間違いや嘘がないとは言い切れません。そこで最終決定をする前に買収監査を行うのです。

買収監査は、主に財務DD、法務DD、ビジネスDDの三つを行います。

財務DDとは、財務的な観点から決算書の適正性などを確認するものです。調査によって、たとえば売掛債権の回収可能性、事業上必要な資産の実在性、負債の網羅性、引当金の計上不足などの問題が指摘される場合があります。

法務DDは、法務的な観点から売り手企業の事業の適法性などを調べるものです。売り主が株主であることの確認、過去にさかのぼって違法行為や訴訟事案がないかどうかの確認、事業に必要な許認可が完備されているかどうかの確認などが行われます。

ビジネスDDは、売り手企業の事業を精査するために実施します。M&A後に経営統合を行う上で問題が生じないかどうかなどを確認します。

買収監査は買い手企業の責任において行われるものであり、どのような専門家が何を重点的にチェックするかは買い手企業が決定し、費用も買い手企業が自ら支払います。2日ほどかけて行う調査で200万～300万円程度の費用が目安ですが、規模の大きい案件では500万～1000万円かかることもあります。

買収監査により基本合意契約を結ぶ前に把握していなかった問題点が判明した場合は、それに応じて買収価格を引き下げるといった調整をすることになります。あまりに指摘事項が多いと、売り手企業は自分の会社を非難されたような気持ちになり、案件自体が破談することもあるので、留意が必要です。

買収監査を実施する公認会計士や税理士、弁護士などの監査人の立場では、いかに問題点を見つけ出すかが腕の見せどころと考えることもできます。言葉を選ばずにいえば、売り手企業は監査人から「あら探し」をされるわけです。このため、問題点としての指摘事項はよく出てきます。私たちは、あらかじめ、監査で指摘されそうなことを予想して売り手企業側に伝えます。そして、売り手企業側が「いきなりこんなに問題点が出てきた。どうしよう」と混乱しないように、あらかじめ余裕を持って対応できるようにしています。

売り手企業側で買収監査に対応するのは、社員にはM&Aを進めていることを公表していない段階ですから、オーナー経営者自身やその奥様ということになります。つまり頼れる人が周りにいない状況で、オーナー経営者は監査人に取り囲まれ、膨大な資料を要求され、それを隅々までチェックされたうえに質問攻めにされるのです。私はよく「買収監査は厳しめの税務調査のようなものです」と説明するのですが、売り手企業側にとっては決して心地いいものではありません。

厳しい買収監査で疲弊し、さらに減額要因が出てくると、中には「M&Aを止めたい」と言い出すオーナー経営者もいます。そのような事態を防いで買収監査を乗り切るためには、売り手企業側への買収監査対応のサポートが欠かせません。

そのため、私たちは、担当者がすでに知っていることについては、オーナー経営者に代わって監査人の質問に回答することもあります。もちろん最終的には監査人からオーナー経営者自身に確認をとってもらう必要がありますが、いったん回答を引き受けるだけでもクッションの役割を果たせるからです。

さらに、買収監査に対応する売り手企業側の負荷を軽減するため、事前に監査人に資料を送り日本M&Aセンターの担当者からその内容について説明しておきます。その際、売り手企業側のオーナー経営者の人柄や経歴、どんな思いを持って会社を経営してきたのかといったことも伝えるようにしています。こうしたコミュニケーションを十分に取っておくことが、スムーズな買収監査につながるのです。

⑫最終契約、決済、成約式

買収監査後、監査人による買収監査レポートの結果を踏まえて最終的な条件の調整を行います。ここでも、先の条件調整の際と同様、仲介者を間に立てての擦り合わせが必要です。

このタイミングでは株価はもちろんのこと、ほかにも揉めやすいポイントがあるので、それをいかに先回りして調整するかが鍵となります。

たとえばM&Aでは、売り手企業のトップが円滑な引き継ぎのために半年から1年間ほど会社に残ることが多いと言えます。その間の報酬額について、売り手企業のトップはよく「いくらでも構わない」などと言うのですが、その言葉を真に受けて低い金額を提示すれば「バカにしているのか」と感情を害してしまうこともありますから注意が必要です。

条件調整が完了したら、いよいよ最終契約です。最終契約書の内容が売り手企業と買い手企業との「完全合意事項」となります。これは逆に言えば、最終契約書に記載されていないことは後々、主張するのが難しくなることも意味します。ですから最終契約書に記載する項目についてはヌケやもれがないように細心の注意を払わなくてはなりません。

最終契約書の作成時には私たち日本M&Aセンターでベースとなる雛形を用意しており、それに手を加えていくのが一般的です。買い手企業側、売り手企業側ともに弁護士に依頼して内容を詰めるケースもよくあります。

契約書の内容については、「弁護士がしっかりチェックしていれば問題は生じないはず」と考えがちですが、それは必ずしもそうとは限りません。これまでの交渉に伴走し、その過程を把握しているのは日本M&Aセンターの担当者です。このため、売り手企業と買い手企業が特に重視しているポイントがきちんと反映されるよう、積極的に関わっています。

なお、最終契約には「表明保証条項」が盛り込まれるのが一般的です。表明保証とは、売り主が買い主に対して、最終契約の締結日や譲渡日において対象企業の財務、法務などに関する一定の事項について「真実かつ正確であることを表明」し、その内容を「保証」するというものです。

表明保証条項は、売り主と買い主の間でリスクを公平に分担するという観点で設けられるものです。買収対象企業の財務や法務などの問題については、最終契約の前に買収監査を実施して把握に努めるわけですが、短期間の買収監査ですべての問題を明らかにするのは難しいと言えます。そこで、買収監査では把握しきれなかった部分を対象に、売り主から買い主に対して網羅的な保証を行うわけです。

表明保証条項に盛り込まれ得る項目は多々あります。たとえば「対象企業に簿外債務や偶発債務が存在しないこと」「対象企業の税務申告の適正性や追加の課税処分を受けるおそれが存在しないこと」「対象企業が所有する知的財産権の有効性」などといった項目が挙げられます。こういった項目について、売り主は買い主に1年、2年など一定の期間を定めて「保証」することが契約書に記載されるわけです。もし後々、表明保証違反が発覚した場合、内容次第では買い主から売り主に対して損害賠償請求が行われる可能性もあります。

M&Aにおいてはごく一般的な条項ですが、表明保証という言葉は聞き慣れないうえ、項目も多岐にわたるため、売り手企業側が「なぜここまで要求されるのか」と疑問を感じやすいポイントと言えます。表明保証条項については、基本合意契約を締結するタイミングなどで、早めに「最終契約の際には表明保証条項というものを盛り込むことになる」ということを伝えて説明しておくなどの対処が必要となります。

最終契約書がまとまったら、契約締結と決済を行います。

契約締結と決済については「同時に行う」のが鉄則です。M&Aにおいては、対価を分割払いにしたり、売り手企業側の役員の退職慰労金支払いを後払いにしたりするケースもないわけではありません。しかし、契約時に支払いをすべて完了しておかないと、後々、買い手企業側が分割払いや後払いの分を「やはり支払いたくない」と言い出して揉めるリスクがあります。そういった交渉の余地を残さないためには、契約時にお金の払い込みをすべて完了すべきなのです。

もっとも、契約を締結してから一定期間を置いて決済せざるを得ないケースもあります。よくあるのは「チェンジ・オブ・コントロール条項（COC）」に関わるものです。COCとは、たとえば、売り手企業がこれまで取引してきた企業との間で交わしている取引基本契約書の中に設けられている「株主の大きな変動がある場合は事前に通知する」といった項目のことを言います。

対象企業の主要取引先との契約でCOCが設けられている場合、最悪のケースを想定すると、M&Aの後で主要取引先が「買い手企業とは取引したくない」と言い出すリスクがあります。「買収したものの、売り上げが大幅に減少する」ということになってしまっては目も当てられません。

もちろん買い手企業側としては「主要取引先がM&Aの後も取引を継続してくれるかどうかを事前に知りたい」と考えますし、売り手企業側としては「M&Aが成約する前に主要取引先に売却する予定だなんて伝えたくない。もし案件が破談したら、信用が失墜してしまう」と考えます。

このような場合、最終契約の中で一定の条件を設けて支払いを遅らせるのが一つの方法です。たとえば最終契約の後に2週間から1カ月程度の期間を設け、その間に主要取引先に対して説明し承諾を得たうえで、買い手企業側が支払いを行うという条件を設定するといった対応が考えられます。

契約・決済を行う際、私たちは、ほとんどの案件で「成約式」を実施しています。成約式は、M&Aを人の結婚にたとえるなら、まさに「結婚式」という位置づけです。

成約式は、事前に必要書類をすべて調えたうえで、その場で支払いの完了を確認し、最終契約書に双方が捺印します。その席で、売り手企業側は創業時の思いや経営の苦労、M&Aに至った経緯や売却にあたっての思いなどを、買い手企業側は買収後の経営に対する意気込みなどを話します。売り手企業側のスピーチでは参加者が涙を流すこともあり、まさに結婚式のように感動的な式になることが少なくありません。

成約式には売り手企業側は社長夫妻が出席するのが一般的で、ご子息・息女も出席することもあります。買い手企業側は社長のほか専務や常務、経営企画室長といった立場の方が出席するケースが多いと言えます。このほか私たち日本M&Aセンターの売り手企業側、買い手企業側の担当者のほか、地域金融機関の本部担当者や支店長、重要な案件では役員の方が列席されることもあります。

成約式を実施するのは、売り手企業側、買い手企業側にとって祝福すべき日であり、特に売り手企業側にとっては一生に一度の人生の節目であるということが第一の理由です。

さらに言えば、M&A後の企業統合をスムーズにするという目的もあります。M&Aでは、買い手企業側が中小企業である場合、案件の進行を知っていたのが社長だけというケースも珍しくありません。いざ買収が完了した後、これまでの経緯をまったく知らない役員が買収した企業の社長に就任することもあります。すると、新社長は創業社長がどのような思いでその会社を経営し、どんな事情で売却に踏み切ったのかといったことがわからないまま売り手企業に入っていくことになりかねないわけです。買収された企業側にしてみれば、新社長が過去の事情を知らないまま事務的に経営をすれば反発を感じるかもしれません。

そのような場合、新社長に就任する人にも成約式に参加してもらったり、成約式の映像を撮っておいて買い手企業側の主要メンバーにも見てもらったりすることによって、売り手企業側の思いへの理解を促すことができます。そうやって新たな経営陣が創業者の思いを知ったうえで経営に臨むことは、企業統合に大きなプラスの効果をもたらすのではないかと思っています。

⑬ディスクロージャー

私たちは、最終契約締結により契約上の仲介者としての役割を終えた後も、買い手企業が「買収してよかった」と思えるようなM&Aになるよう成約後の具体的な動き方についてのアドバイスもしています。

重要なのは、最終契約締結後に売り手企業、買い手企業双方の従業員や取引先などに対して行うディスクロージャー（情報開示）です。特に、売り手企業の従業員に対してどのタイミングで情報開示を行うかがポイントとなります。一般的には、最終契約を締結し決済が完了した日のうちに臨時で従業員を集めて実施することが多いと言えます。

M&Aで売却された企業の従業員が「自分の勤務先が別の会社に買われた」ということを知ったときに最も関心を寄せるのは、「どんな会社に買われたのか」「今後どんな人が経営を引き継ぐのか」ということです。買い手企業側の社長が売り手企業の従業員と対面するまでの時間が長ければ長いほど、従業員は悪い方向に想像を働かせがちになるでしょう。ビジネス上、キーパーソンとなる人材が今後の経営方針などに不安を抱いて退職してしまうような事態はできるだけ防がなくてはなりません。ディスクロージャーの際には買い手企業側の社長が顔を見せ、売り手企業の従業員に向けて「安心してついてきてほしい」といったメッセージを発する必要があります。また、できるだけ時間を置かずに新社長と従業員の懇親会の場を設定したり、新社長と従業員の個人面談を実施したりといった対応も実施したほうがいいでしょう。

売り手企業の従業員が安心して働き続けられるよう、早期に融和を図る配慮をすることは、買収後の企業の統合をスムーズに進めるための第一歩です。

地域金融機関と日本M&Aセンターの協業のパターン

ここまでは、地域金融機関と私たち日本M&Aセンターが協業して進めるM&Aについて、一般的なケースを想定して大まかな流れをご説明してきました。

実際には、地域金融機関における本部と支店の関係や、私たちと地域金融機関の役割分担によって、協業にはさまざまなパターンがあります。

たとえば、本部と支店の関係について言えば、大きく二つのパターンがあります。一つは、主に本部がM&Aを主導するパターンです。この場合、支店が担うのは売り手企業の事業承継ニーズを探る局面までで、オーナー経営者との商談に支店長が立ち会うこともほとんどありません。もう一つはいわば「支店主導型」で、オーナー経営者との商談の場には支店長が必ず立ち会うパターンです。場合によっては本部の担当者が不在であっても、支店長と日本

Ｍ＆Ａセンターの担当者とで商談を進めることもあります。近年はＭ＆Ａ業務に注力する地域金融機関が増えており、「支店主導型」が増えている印象です。

もっとも、支店がどの程度まで関わるかについては、支店長とオーナー経営者とのリレーションによって変わる場合もあります。オーナー経営者からの絶大な信頼を得ている支店長であれば、毎回の商談にできる限り同席することがオーナー経営者に安心感をもたらし、Ｍ＆Ａをスムーズに進める助けになるでしょう。しかし転勤してきて間もないといった事情などでリレーションを構築できていない場合は、なかなか支店長の力量を発揮しづらい面もありますから、無理に時間を割いて商談に立ち会う必要性は低いと言えます。

なお、私たちとの役割分担という観点で言えば、支店長の関与の度合いは案件のステージによって変わるのが一般的です。

Ｍ＆Ａの意思を固める場面など案件の前半では、日頃からリレーションを持っている支店長がオーナー経営者の相談に乗ったり商談に同席したりすることで、案件をスムーズに進められます。

一方、案件の後半、最終契約書の内容を詰めるといった専門的な業務の段階に入ってくると、日本Ｍ＆Ａセンターの担当者はオーナー経営者のもとに日参するようになります。多忙な支店長が毎日何時間も一社のために時間を確保するのは現実的ではありませんし、この段階では実務的な対応さえしっかりしていれば案件はスムーズに進みますから、支店長は商談には立ち会わないことが多いと言えます。

私たち日本M&Aセンターと地域金融機関との関係についてもさまざまです。M&Aを推進し、高い実績を持つ地方銀行の中で具体例を挙げると、北陸銀行や滋賀銀行は、売り手企業への情報提供、ニーズ喚起を銀行本部主導で行い、その後の実務面は私たちが全面的にノウハウのサポートを行いながら進めるという形で行っています。具体的には、売り手企業のM&Aニーズ喚起までは支店長と協力しながら本部の担当者が進め、売却の意思が固まりつつあるところから日本M&Aセンターの担当者と協働するイメージです。その場合でも行員向けの勉強会など、支店の啓発について必要な実務的なノウハウは私たちがサポートしているケースが多いです。本部のM&A担当者の多くは日本M&Aセンターに出向し業務経験がありますから、十分な意思疎通を図りながら案件を進めることができます。地域金融機関との協業においては、こちらのパターンが多いと言えます。

一方、北海道銀行では、本部の担当者が買い手候補企業のマッチングに注力しています。これは、北海道では売り手企業が道内の企業への売却を希望するケースが非常に多いという特色があるためです。道内の企業について言えば、北海道銀行では私たち以上に詳細な情報を持っていますから、その情報を活かして買い手候補企業探しに力を入れることがM&A業務の推進に効果的なのです。

その代わりに、売り手企業の発掘は日本M&Aセンターの担当者が実質的には引き受けています。日本M&Aセンターの社員が北海道銀行に出向し、支店から上がってきた売却ニーズのありそうな企業の情報をもとに「背中を押す」場面から担っています。これは売り手企業側から見れば「北海道銀行の本部の人にM&Aについて相談している」形になるわけです。その間、北海道銀行の本部の担当者は「この企業の売却を受託した場合に買い手になりそうな企業」を検討するなど早期に動き出すことができます。

いずれにしても、案件化や基本合意契約書、最終契約書の細部を詰めるといった手間のかかる実務については、基本的に私たちが担っています。

第3章

地域金融機関がM&Aで成功するために必要なこと

M&Aを推進するには、行員の啓発が欠かせない

近年はM&Aを推進しようと力を入れる地域金融機関が増えており、日本M&Aセンターでも案件での協業はもちろん、M&A推進をお手伝いする機会が多くなっています。そこで本章では、地域金融機関がM&Aを成功させ安定的に収益を上げていくための重要なポイントをご紹介したいと思います。

M&Aを強化しようという場合、地域金融機関によってはまず、人員の増強を行うケースがあります。「本部でM&A担当者を2倍に増やせば、受託できる案件の数が2倍になり、手数料収入も2倍になる」というのは一見もっともな理屈に思えますが、これは計算通りにうまくいかないことが多いと言えます。

担当者の数を増やしても比例して手数料収入が増えない原因は、「人を増やせば受託できる案件の数および成約できる案件の数が増える」わけではないからです。

M&A案件の受託件数を増やすには、何よりもまず潜在的なM&Aのニーズを拾うことが重要です。そもそもM&Aは、多くのオーナー経営者にとって、できれば考えたくないと

思っていることです。後継者がいないと悩んでいる経営者であっても、よもや自分が会社を売却するなどとは想像すらしたことがないという人も多いのです。潜在的なM&Aのニーズが多いとはいえ、誰かがそのニーズを掘り起こさなければ受託件数の増加は望めません。

潜在的なM&Aのニーズを発掘するのに必要なのは、支店でオーナー経営者に日々接している営業担当者から売却のニーズがありそうな企業の情報を集めてもらうことです。

つまり、いくらM&Aの実務に長けた担当者を本部で増やしたところで、営業担当者の間にM&Aのニーズを拾おうという意識が広がっていなければあまり意味をなさないのです。

M&Aを推進することに強い意欲があるならば、本部担当者の増員よりも重視すべきなのは、支店の営業担当者の啓発です。それも「継続して」行うことが重要なポイントと言えます。

営業担当者や支店長向けにM&Aの研修を実施する地域金融機関は数多くありますが、その研修を継続的に、かつ繰り返し行っているかと言えば、「なかなかできていない」というところは少なくないものです。

先にご説明したように、私はM&Aは地域金融機関にとって本来業務に位置づけるべきだと考えていますが、一方で支店の業務としてはM&Aはフィービジネスの一つという位置づけであり、営業担当者や支店長にとっては「本業ではない」という意識が根強くあるのではないかと思います。つまり、優先順位は高くないわけです。

このような背景を考えると、支店がさまざまな業務を抱えて多忙を極める中、M&A推進の意義やビジネスとしての重要性については繰り返し伝え続けなければなりません。継続的な啓発を行わなければ、M&Aがほかの業務に比べて優先順位が劣後していくことは避けられないのです。

これは、私自身が地銀の支店で長く働き、また実際に地域金融機関でM&Aの研修をサポートしている経験からも強く感じていることです。

私たちは、行員の方向けのM&A研修で、成約式の様子を動画で紹介しています。このとき、売り手企業のオーナー夫妻のあいさつを聞いて「感動した」と涙を流す行員の方は少なくありません。しかし涙を流したその翌日、支店に出勤して自分の席に着いたときには、おそらく頭の中はその日にこなすべき業務でいっぱいになっていることでしょう。多忙な支店の営業担当者に、いつまでも感動を味わっている余裕がないのは当然のことだと思います。

担当している企業のオーナー経営者と会っているときに、M&Aや事業承継について思い出してもらうためには、一度の研修でこの業務のやりがいや感動を伝えるだけでは足りません。支店の業務の中でも優先度が高いということを腹に落としてもらうため、ニーズ発掘などの研修を繰り返し行うことが肝要なのです。

これは支店長向けのM&A勉強会についても同様です。

支店長向けの勉強会を実施する地域金融機関は少なくありませんが、その後がなかなか続かないケースもあります。「支店長も多忙だし、一度実施したのだからしばらくは開催しなくてもいいのでは」という考えがあるのかもしれません。

しかし、M&Aを推進するには、支店長の頭の中でM&A業務の優先順位を高くすることが欠かせません。支店長が多様な業務に追われて多忙だからこそ、本部や経営層から繰り返しM&Aの重要性を伝えることが重要なのはもちろん、支店長が通常2年ほどで異動することを考えれば、支店長向けの勉強会は繰り返し継続的に実施すべきだと言えます。

支店の中でM&A業務の優先順位を高く保つことができれば、売却のニーズに関する情報は着実に本部に集まってきます。逆に支店長の頭の中でM&Aの位置づけが低下していけば、情報はなかなか上がってこなくなりますから、注意が必要です。

本部と支店の距離感が近いほど、案件の情報は上がりやすい

多くの地域金融機関と協業していて気づくのは、本部と支店の「距離感」が近いほど、支店から情報が上がってきやすい傾向があることです。

地域金融機関はその組織の構造上、本部と支店の対立が生じやすいと言えます。本部は支店にさまざまな業務の推進を指示する立場にありますから、支店からすれば「毎日、大量の業務に追われて多忙を極めているのに、あれもこれも次々に押し付けられてはたまったものではない」と感じることもままあるものです。

もちろん地域金融機関に限らず、仕事上、指示を出す側とそれを受ける側が存在するのは当たり前のことですし、本部と支店の間にある程度の距離感が生じるのは致し方ない面もあります。とはいえ、その距離感が大きく広がってしまえば、「本部がM&Aを推進しようとしても支店の現場が動かない」という状況を招くことにもなりますから、注意が必要です。

なお、地域金融機関は規模や組織体制によって本部と支店の「力関係」に大きな違いがあります。一般論としては、規模が大きい地域金融機関は現場（支店）の力が強く、中小規模の地域金融機関では本部が強い傾向が見られます。

現場が強く支店長の影響力が大きい場合は、いくら本部がM&Aを推進しようとしても、支店長の協力なくしてM&Aビジネスの成長はないということを意識したほうがよいでしょう。

本部が強い場合は統制が利きやすいと言えますが、現場との距離感が広がってしまえばM&Aを推進しようとしても反発を招くおそれがあります。本部と現場が一体感を持ってM&Aに取り組めるよう、本部側に配慮が求められると言えます。

もう一つ、支店の規模の違いなどによるM&Aへの取り組みの温度差についても頭に入れておきたいところです。

これは多くの地域金融機関に共通する傾向ですが、私たちが協業する中で感じるのは、本店営業部など母店クラスの支店はM&Aに対する取り組みが進みにくいということです。本店営業部長や母店長は非常に忙しいうえに、M&A業務に対して「肌感」がないからだと思います。いま本店営業部長や母店長に就いている人材は、複数の店舗で支店長を経験するなど高い実績がある一方、彼らが実績を上げてきたのは融資業務中心であり、ソリューション営業の必要性がまだ低かったことが背景にあるからだと思われます。このため、M＆A業務の重要性に対する理解はなかなか浸透しづらいのでしょう。

一方、中・小型店の支店長に就いている人材や支店長として1カ店目や2カ店目といった経験が比較的浅めの人材は、支店長自身が業績を上げなくてはならないという意識が高く、プレイングマネージャーのように自ら積極的に動くタイプが多いと言えます。収益を上げられるのであればどんな業務にもチャレンジしようという意欲も強いため、M＆A業務への関心を持ちやすい傾向があります。これを踏まえると、M＆Aを推進するにあたっては新任の支店長向けの研修でM＆Aをメニューに入れるのが効果的ではないかと思います。

支店長や現場の営業担当者をどう教育するか

具体的な現場の啓発にあたっては、まず「誰をターゲットにするか」を考える必要があります。

支店長がM&A業務に力を入れてくれるよう情報提供するのはもちろんですが、私は若手も含めた営業担当者にもM&A業務推進の一翼を担ってもらうべきだと考えています。

この点に関しては、「若手行員は経験が浅くスキルやノウハウも少ないのに、M&Aに関わらせるのは難しいのではないか」という意見もよく聞きます。しかし実際のところ、売却ニーズがありそうな企業の情報をたくさん集めるためにはできるだけ多くの営業担当者に情報開拓に寄与してもらうことが必要なのです。

もちろん、オーナー経営者が売却の意思を固める場面で背中を押すといった役割は、やはり若手の行員には難しく、支店長の出番になるでしょう。営業担当者には、まずニーズを発掘し、売却見込みのある企業の情報を支店長や本部につなぐところまでを担ってもらうのがよいと思うのです。

啓発のステップは、大きく分けて四つあります。

ファーストステップは、M&Aに興味を向けてもらい、その業務の魅力を感じてもらうことです。

世の中ではM&Aに対するネガティブなイメージがいまだにつきまとっていますが、営業担当者の中にも少なからずこのイメージに引きずられている人はいるものです。まずは、M&Aが事業承継の有効な選択肢であるという正しい認識を持ってもらう必要があります。

また、ほかの業務もある中でM&Aの優先順位を高めてもらうには、ただM&Aの推進を指示するのではなく、現場が「M&A業務をやりたい」と感じられるようにすることが重要です。

地域金融機関を志望した動機に立ち返れば、多くの人は「地域のお客さまに喜んでもらえる仕事がしたい」という思いを持っているはずです。M&Aの勉強会では、成約式の様子を映像で見せ、成約を喜ぶ顧客の姿を見せることなどが「M&A業務はやりがいがある」「お客さまの役に立てるならぜひやりたい」という意欲を喚起することにつながります。

二つ目のステップは、「売却ニーズのある企業」の情報こそ重要であることを理解してもらうことです。

地域金融機関で働く営業担当者には、根源的には融資を伸ばしたいという強い欲求があります。M&A業務についても、手数料収入を得るだけではなく、できれば買い手企業向けに買収資金の融資をしたいと考えるのが自然です。

しかし「よい譲渡案件があれば買いたい」という企業のニーズは非常に強い一方で、豊富に譲渡案件を開拓できている地域金融機関は少ないのが実情です。このため、営業担当者は買収ニーズを持つ顧客から「M&Aの情報をどんどん持ってきてほしい」と頼まれても、なかなか応えきれないことが多いと言えます。

M&Aは売り手と買い手がいて成立します。どんなに買いたいというニーズを集めても、譲渡案件がなければ先には進められません。ですから買収資金の融資を目指すにしても、まずは売却ニーズを持つ企業の発掘を最優先に手掛けなくてはなりません。現場には、「売り案件の開拓こそM&A活性化の鍵」ということをしっかり腹に落としてもらうようにしたいところです。

三つ目のステップは、売り案件の見つけ方について具体的なポイントを紹介することです。売却のニーズを探るには、いくつかのノウハウを押さえて実践していく必要があります。というのも、オーナー経営者から直接「後継者がいなくて困っている」などとわかりやすいヒントを聞けることは稀だからです。経営者からすれば、取引金融機関の融資スタンスが変わることは絶対に避けたいはずですから、深刻な悩みを軽々しく口にすることはないでしょう。

では、売却ニーズはどのような観点でチェックすればよいのでしょうか？

方法の一つは、定性的な情報に注目することです。たとえばオーナー経営者とその家族の状況に目を向けると、

・未亡人社長
・子どもが娘のみ
・息子が大手企業勤務
・娘婿が社長
・息子を社長にしているが、評判や信用がいまひとつ
・社長が明確なセカンドライフを思い描いている
・社長が重責で仕事に疲れている
・初めての赤字転落

・M&Aで会社を売った企業や社長の話をする

といったケースは、売却のニーズが隠れている可能性があります。

このほか、オーナー経営者の言動がヒントになることもあります。

たとえば「最近は腰が痛くて、荷物も持てない」といった体力低下などを嘆く愚痴をこぼすことがあれば、自分がいつまで経営者でいられるのか不安を感じている可能性があります。

あるいは「息子が大手企業で部長になった」「孫が有名私立小学校に受かった」といった自慢話を聞いた場合、息子家族が都心部に根を下ろしているということですから、地元に戻ってきて後を継ぐ可能性は低いと見ていいでしょう。「幹部社員は経営感覚がなくて……」という悩みを口にする場合は社員承継は考えにくく、親族に後継者もいないならM&Aしか現実的な選択肢がないと言えます。

「息子は青年会議所では人気者なんだが……」といったように後継者候補であろう親族に関する愚痴が出てくるなら、その資質に疑問を持っていることがうかがえます。もしかすると、「会社の将来のためには継がせるべきではないのではないか」と悩んでいるかもしれません。

「この会社は俺の技術で何とかもっている」「仕入先が合併したんだって」といったように、事業の先行きに関する不安を匂わせる発言があれば、経営者として限界を感じ始めている可能性もあるでしょう。

こうした具体的なチェック項目を示すことで、営業担当者が売却ニーズに気づきやすくなります。

四つ目のステップでは、見込み顧客に売却のニーズがあるかどうかを探ります。

最もオーソドックスなのは、M&Aにおける自社株評価の提案です。私たち日本M&Aセンターでは無料で株価を診断するサービスを提供していますから、それを活用して「御社の株価がいくらになるか、一度診断してみませんか。無料で診断できますよ」などと持ちかけてみるのです。売却価格に興味を示すようであれば、ニーズがありそうだと判断できます。

このほか、地域のM&A関連の新聞記事を持参し、「最近は中小企業でもM&Aが活発に行われていますね」と話題を振って反応をうかがうのも一つの方法です。話に乗ってくるようであれば、「一度、経営者向けのM&Aセミナーに参加してみませんか」と声をかけてみ

▶啓発の4STEP

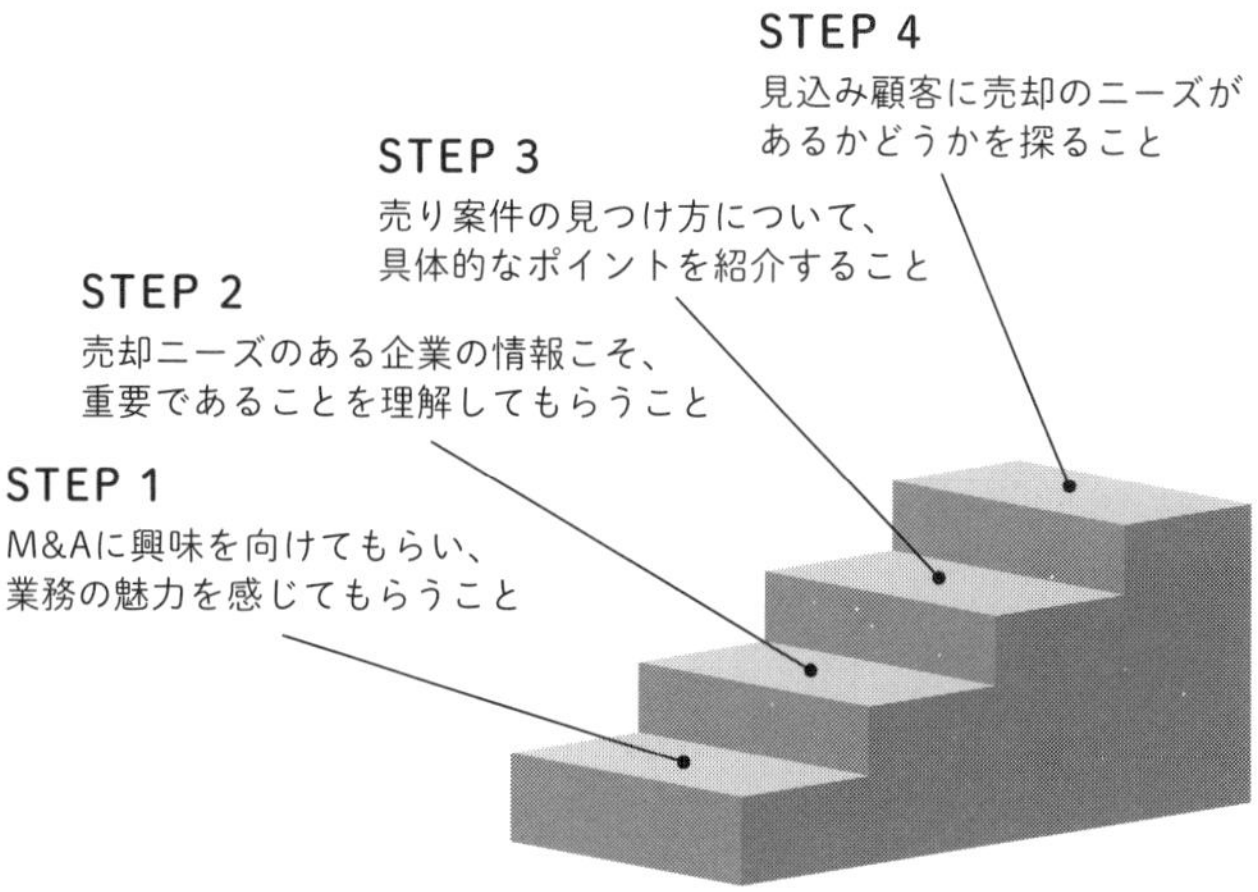

STEP 4
見込み顧客に売却のニーズがあるかどうかを探ること

STEP 3
売り案件の見つけ方について、具体的なポイントを紹介すること

STEP 2
売却ニーズのある企業の情報こそ、重要であることを理解してもらうこと

STEP 1
M&Aに興味を向けてもらい、業務の魅力を感じてもらうこと

ると、関心の高さを推測することができるでしょう。

売却ニーズを探っていることを絶対にさとられたくない場合は、買い手と見立てて譲渡案件を提案してみるのも有効です。M&Aについて詳しく説明するきっかけを自然に作ることができ、関心があるかどうかを探るのに役立ちます。

具体的なセールストークの例を見てみましょう。

【後継者が未定の場合の想定トーク】

担当者：「新聞やテレビで報道されていますが、全国の中小企業の60～70％で後継者が決まっておらず、多くの経営者が事業承継問題を抱えているそうです。むしろ、後継者が決まっていない企業の方が当たり前のようです。社長は（お子様はまだお若いですが）どう会社を承継させていく予定ですか？」

顧　客：「まぁ、うちもそろそろ考えないといけないけど、まだ先のことだな……まだまだ俺が最前線でやっていくよ。」

担当者：「まだ先のことだと思われる経営者の方が多いですが、会社を承継する方法は『親族への承継』『経営幹部への承継』『M＆A（第三者への承継）』の三つしかありません。どの選択肢を取るにしても、5年、場合によっては10年と長期的なビジョンに基づいてなるべく早く検討を開始することが重要です。思ったときにすぐ解決できる問題ではありませんので」

顧　客：「確かに考えないとね。ところで、M＆Aってどういうこと？」

担当者：「親族や幹部への承継は社長もよく耳にすると思いますが、最近は、第三者への承継であるM＆Aを活用して事業承継を行う企業が増加しています」

顧　客：「M&Aって大企業が行うものじゃないの？」

担当者：「新聞などにあまり掲載されませんが、実は中小企業でも盛んに行われています。というのも、M&Aによって事業承継を実現すると同時に、提携による相乗効果や、信用力の向上、販路の拡大などで会社の発展も期待できるからです。借入金の連帯保証からも解放されます」

顧　客：「そういうメリットがあるんだ。でも、結局は買い手企業に乗っ取られて、従業員も辞めさせられるんじゃないの？」

担当者：「M&Aは人材を求めて行う側面が強いですし、全員の雇用を継続した形で行われるのが一般的です。譲り受ける方からも、従業員の方が離反しないことを条件として提示されるくらいです」

顧　客：「そうなんだ」

担当者：「M&Aと言っても、なかなかイメージがつかめないかと思います。ちょうどM&Aについてのセミナーを○月○日に当社主催で行うのですが、一度参加してみてはいかがですか？　M&Aを検討する際のポイントや進め方の説明だけではなく、当社で譲渡をご支援させていただいた社長の貴重な体験談もあります。毎回好評で多くの経営者の方が参加されています」

顧　客：「検討しておくよ」

【親族の後継者に不安を感じている場合の想定トーク】

担当者：「新聞やテレビで報道されていますが、全国の中小企業の60〜70％で後継者が決まっておらず、多くの経営者が事業承継問題を抱えているようです。社長のところは、（息子様の）○○様が承継をなさる予定でしょうか？」

顧　客：「そうだね。まぁまだ任せられるかわからないけど」

担当者：「実は、会社に親族の方が勤めている場合でも、M＆Aで第三者に会社を譲渡するケースもあるようです」

顧　客：「どういうこと？」

担当者：「ご存じのとおり、少子高齢化に伴い国内の需要は今後減少していきます。経営環境はますます厳しくなる一方、グローバル化、効率化、スピードなどが求められており、競争は激化しています。新たな経営者は創業者以上の能力が必要とされるわけです。そうした中、事業補完を望める企業との相乗効果を求めたり、信用力向上を期待して業界での勝ち残りを目指し、M&Aを決断されるのです」

顧　客：「でも結局、息子が辞めさせられるんじゃないの？」

担当者：「こういう場合、親族の方を社長や要職として引き続き登用する場合がほとんどです。というのも、オーナー経営でやってきたその求心力を維持できるからです」

顧　客：「そうなんだ」

担当者：「M&Aと言っても、なかなかイメージがわかないかと思います。専門家をご紹介することもできますので、遠慮なくお申し付けください」

顧　客：「検討しておくよ」

【後継者が経営幹部の場合の想定トーク】

担当者：「新聞やテレビで報道されていますが、全国の中小企業の60〜70％で後継者が決まっておらず、多くの経営者が事業承継問題を抱えているようです。社長のところは、○○専務が承継をなさる予定でしょうか」

顧　客：「そうだね。まぁ本人もそう思っていると思うよ」

担当者：「実は、社長以外の役員や従業員が会社を継ぐことには、いくつか大きなハードルがあって実現できないことがほとんどです」

顧　客：「どういうこと？」

担当者：「最大の問題は、個人保証の差し替えと株式の買い取りです。社長は会社の借入の連帯保証人になっていると思いますが、それを○○専務が個人資産を担保に引き継ぐのは相当厳しいです。また、御社のように優良な会社は自社の株価が高くなっているので、○○専務が高額な株式を買い取れるかどうかという点、また、中期的には○○専務の次の後継者も見据えて承継していく必要がある点なども考える必要があります。○○専務に経営をバトンタッチした後も、社長が個人保証をしたまま、株式も所有したままでは、実質的に後継者問題が解決されません」

顧　客：「確かにそうだね」

担当者：「御社のように個人保証と株価について悩まれている会社は大変多いんです。そのあたりの対策についても当行で対応させていただいておりますので、ぜひご相談ください。一方で、事業承継対策は絶対に失敗できないものですし、あらゆる選択肢を検討しておいて損はないように思います」

顧　客：「どういうこと？」

担当者：「新聞にはあまり掲載されませんが、実はＭ＆Ａを活用して事業承継を行う中小企業が増加しています。というのも、借入金の連帯保証からも解放されますし、事業承継が実現すると同時に、提携による相乗効果の発揮、信用力の向上、販路の拡大などさらなる会社の発展も期待できるからです」

顧　客：「そうなんだ」

担当者：「当行でご支援させていただいた会社の事例もご紹介できますので、いつでもご相談ください」

顧客：「検討しておくよ」

こうした具体的な想定トークの例があれば、Ｍ＆Ａニーズ発掘の手法をイメージしやすいのではないかと思います。

想定トークはテクニカルな問題であり、営業担当者に押さえてもらうのはさほど難しくはないでしょう。しかし、想定トークを提供すれば売却ニーズが上がってくるのかと言えば、話はそれほど簡単ではありません。Ｍ＆Ａのニーズを探るにあたって何よりも重要であり欠かすことができないのは、「顧客との関係性を作る力」だからです。

そもそも先行きにさまざまな不安を持つオーナー経営者にとって、事業承継の話は非常にセンシティブです。第三者に自分の会社を売却する可能性まで考えざるを得ない状況なら、なおさらでしょう。その悩みを吐露できるのは、相当に信用している相手だけです。

逆に言えば、日頃から顧客としっかり信頼関係を築いている営業担当者なら「社長は事業承継のことを悩んでいるのではないか」と察知できるものでしょうし、悩みを聞き出すこともできるでしょう。そのような場合、営業担当者にM&Aについての基本的な知識とM&A業務への関心さえあれば、ニーズ発掘のためのテクニックを身につける必要はないかもしれません。

実際、事業承継に関するアンケートによれば、地域金融機関に対して「会社譲渡について相談しやすい」と感じる理由として最も多く上がっているのは「担当者または組織が信用できる」という回答です。つまり地域金融機関に対して期待されているのは、M&Aに関する専門的な知識やM&Aの実績というより、「やっぱり◯◯銀行に相談したい」と感じられるだけの信頼関係なのです。このことはぜひ、頭の片隅にとどめておいていただければと思います。

▶会社譲渡について相談しやすい理由

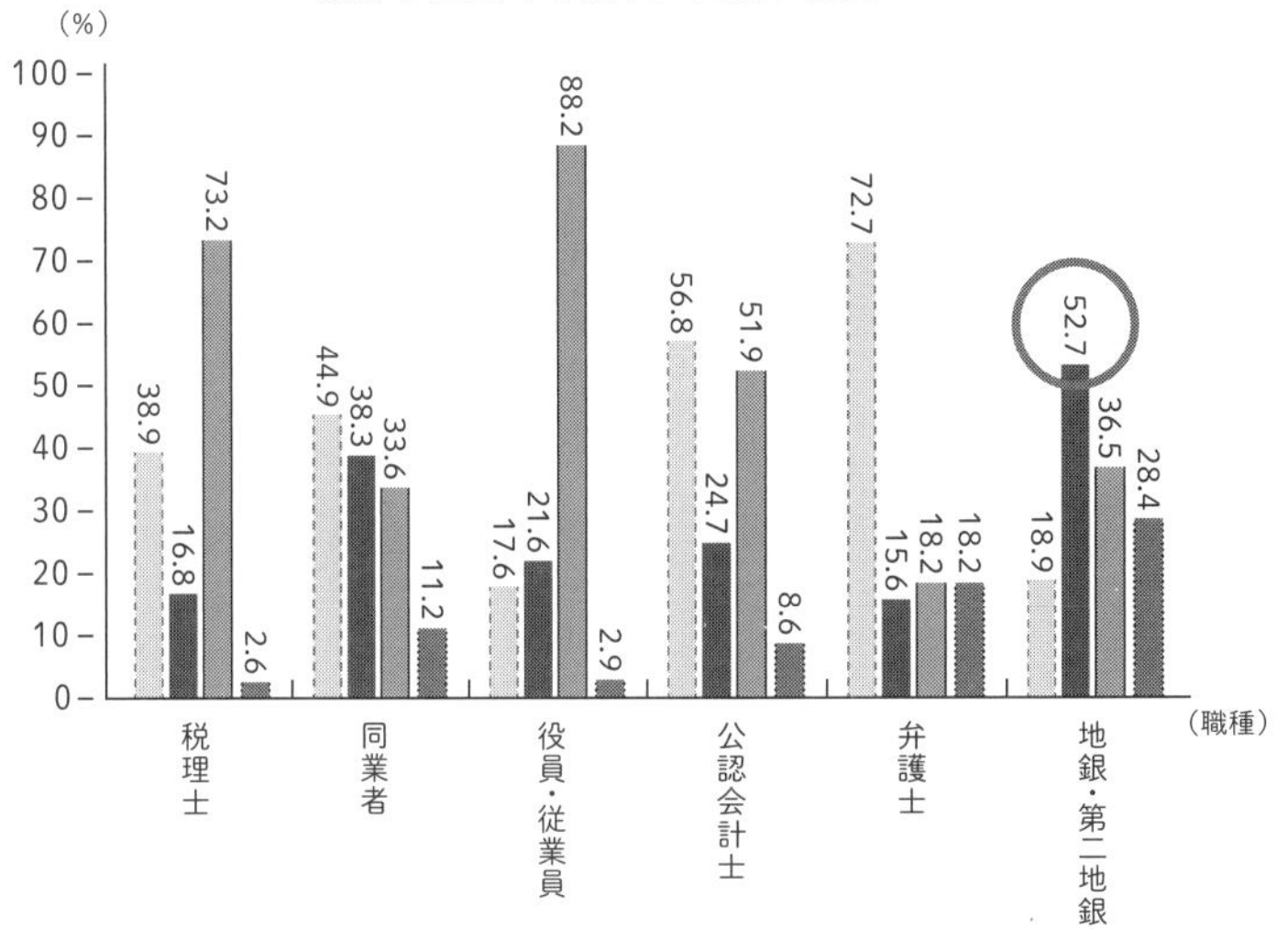

資料:三菱UFJリサーチ&コンサルティング(株)『「事業承継」「職業能力承継」アンケート調査』(2005年12月)
(注)1.事業売却について「相談しやすい」とされた6業種について、それぞれの理由を集計している。
2.複数回答のため合計は100を超える。

業績評価・人事考課とM＆Aの取り組みを連動させる

M＆A推進のポイントとして最後に取り上げたいのは、業績評価・人事考課との連動です。ここまで、M＆A業務のやりがいや意義、具体的に現場の営業担当者や支店長に動いてもらうための方策について解説してきましたが、それだけでは十分とは言えません。当然のことながら、営業担当者個人の人事考課や支店全体の業績評価にM＆A業務への貢献が反映されなければ、現場が動くことは期待できないでしょう。

特に支店では限られた時間の中でさまざまな業務を担わなければならない状況の中、評価に結びつきやすい業務に注力したいと考えるのは自然なことです。M＆Aを本気で推進するのであれば、たとえばM＆Aに関連する資格の取得で評価ポイントを得られて昇格試験を受けやすくする、あるいはM＆A案件の獲得が支店の業績評価に正当に反映されるようにするといった施策は必須だと思います。

もう一つ検討していただきたいのは、M＆Aで実績を上げた支店の事例を行内広報誌等で大きく取り上げるなど、M&Aに対する取り組みを評価し、そのノウハウを共有することです。たとえば、私たち日本M&Aセンターでは、協業している中でも数多くの案件を成約させている地域金融機関に感謝状をお渡ししています。社長の三宅卓が頭取にお渡しするのですが、その際、本部担当者や支店長にも同席してもらい、三宅から直接、取り組みのすばらしさや感謝を伝えるようにしています。このとき、広報担当者に取材していただき、行内広報誌で取り上げていただくこともあります。

金融機関内におけるM&A業務の注目度を高める仕組みとして、独自に表彰制度を設けている地域金融機関もあります。年間を通して受託や成約が顕著であった行員や支店、支店長などを上位3位くらいまで表彰しているのですが、その際には、協業先である私たち日本M&Aセンターからも特別表彰枠を設け、トロフィーや盾を、金融機関の役員から受賞者に授与してもらいます。場合によっては、功績をたたえ、慰労会を催すこともあります。

こうしてM&Aへの取り組みを周知し、経営陣からも認められて評価される仕組みを作れば、M&Aへのモチベーションを高める効果が期待できます。また、M&A成功事例の情報を整理して拡散することでナレッジの共有が進めば、現場の取り組みを後押しすることにもつながるでしょう。

第 4 章

M&Aに潜むリスク

地域金融機関がどこまで抱えるべきか

M&A業務に潜む訴訟リスク

M&Aが地域金融機関の活路になることは間違いありませんが、一方でM&A業務を手掛ける場合には相応のリスクもあります。M&Aを推進するにあたっては、具体的にどのようなリスクがあるかを知り、トラブルを避けるための方策を考えておくことが欠かせません。

最も懸念すべきリスクの一つは、M&A案件を進める中でトラブルが生じた場合、仲介者が売り手企業や買い手企業から訴訟を起こされるおそれがあることです。

先にご説明したように、私たち日本M&Aセンターは売り手企業、買い手企業の双方と提携仲介契約を締結して仲介業務を行っています。この場合、契約当事者は売り手企業(およびオーナー株主)と買い手企業、そして私たちということになるわけです。このため、私たちは実際に訴訟の当事者になったケースも残念ながらゼロではありません。

訴訟に至らないまでも、仲介者に対してクレームがつくことの覚悟は必要になります。

たとえば、企業概要書など買い手企業への提案で使用する書類についても、記載内容に誤りがあればクレームは避けられません。もちろん間違いがないよう正確を期して作成するのは当然のことではありますが、作成のもとになった資料に事実と異なる点が含まれる場合もありますから、正確さを100%保証することはできません。当然、トラブル防止の観点からディスクレーマーも記載しています。しかし買い手側が間違いを発見して問題視した場合、原因のいかんを問わずクレームは企業概要書を作成した者に向けられることになります。

訴訟やクレームへの対応は、M&Aの仲介者としては業務の一環と捉えるしかありません。契約の当事者になるということは、こうした責任を負うということでもあるからです。ですから私たちは、訴訟やクレームを防止する体制を整えています。

ここで考えていただきたいのが、地域金融機関が契約の当事者となってM&Aを仲介した場合、訴訟やクレームにも責任を持って対応しなくてはならないということです。M&Aを手掛ける以上、訴訟やクレームのリスクをゼロにするのは不可能です。いざトラブルになって訴訟を起こされれば、地域金融機関にとってはかなりの痛手です。

この点、私たちが地域金融機関と協業する場合、ほぼすべての案件で地域金融機関は契約当事者とはなりませんから、訴訟やクレームへの責任を負うことはありません。

私は、地域金融機関のM&Aへの関与のしかたとしてこれが本来あるべき姿だと思っています。

取引先との関係が悪化してしまうリスクを引き受けられるか

M&Aで生じうるトラブルとして、常に意識しておかなければならないのは、情報漏洩です。

M&Aを進めているという情報は、特に売り手企業の社会的信用に及ぼす影響が大きいため、成約までの間は情報が漏れないよう細心の注意が求められます。先にご説明したように、私たちは、買い手候補企業と秘密保持契約を締結するなどして、情報漏洩の防止に努めています。

しかし、情報漏洩を完全に防ぐことはできません。秘密保持契約を結んだとしても、情報を得た人がうっかり口をすべらせるといったことは十分にありえるからです。実際、「あの会社が身売りするらしい」といった噂が広がり、売り手企業が情報漏洩を問題視してトラブルに発展するケースもあります。

このような場合、地域金融機関がM&Aの仲介者になっていれば、情報漏洩の責任を厳しく追及されることになるでしょう。それどころか、売り手企業側から「○○銀行が情報を漏らした」という噂が広がれば、地元での信用を失うことにもなりかねませんから注意が必要です。

この点、私たちが地域金融機関と協業し仲介者になる場合、買い手企業に対して売り手企業の情報を提供する役割は私たちが担います。「情報は日本M&Aセンターが一元管理する」という態勢であれば、万が一、情報漏洩が起きたときも責任を問われるのは私たちです。

地元とのつながりが強い地域金融機関には情報漏洩トラブル以外にも問題が生じやすいことも知っておきたいところです。

見過ごされがちなこととして、たとえば、地域金融機関がM&Aを直接手掛けた場合、「手離れが悪くなる」リスクがあります。買い手企業が地域金融機関の取引先であれば、M&Aが成約した後もフォローに追われることになりがちだからです。

M&Aは成約後が重要とはよく言われることで、買収後に統合を進めるうえではさまざまな障害があるのも当たり前のことです。異なる歴史を持つ二つの会社が「結婚」するのですから、買収した企業に想定外の問題が見つかるといったことはめずらしくありません。

買収後に問題が起きたとき、M&Aを仲介したのが取引のある地域金融機関であれば、買い手は当然のようにM&A案件の延長上の問題と考えて地域金融機関に相談したりクレームをつけたりするものです。地域金融機関としては、契約上は仲介者としての役割を完了していたとしても、相手が取引先となれば「ウチはその問題までは対処できません」とは言いづらいでしょう。

地域金融機関は地元に密着していることが最大の強みですが、これはときとして「絶対に地元から逃げられない」という弱みにもなり得ます。M&Aで仲介者として前面に立つことが長期的に見て負担にならないのかどうかも、よく考える必要があるのではないかと思います。

地域金融機関にかかるM&A手数料割引の圧力

私は、日本M&Aセンターと地域金融機関の協働は相互の強みを活かせる理想的な組み合わせだと考えています。ここまでご説明してきたようなM&Aにつきまとうリスクを日本

M&Aセンターで引き受けることができるのも、地域金融機関にとって重要なポイントだと思います。地域金融機関はM&Aだけを扱うわけではありませんから、この業務でリスクを取りすぎるのはバランスを欠くと言えるでしょう。何より、地元での信用こそ地域金融機関の強みであることを考えれば、その信用を毀損しかねないM&Aのトラブルは避けるべきです。

しかし、地域金融機関の中には、日本M&Aセンターをはじめとする M&A専業機関との協働について否定的に捉え、独自に取り組むべきだと考えているところも少なくありません。その大きな理由は、「地域金融機関だけでM&Aを完結させたほうが収益性が高くなる」というものです。

確かに、協業すれば仲介手数料を分け合う形になります。しかし、地域金融機関が単独でM&Aを扱うケースと日本M&Aセンターと協業するケースを比較した場合、単独でやったほうが手数料収入が高くなるかと言えば、必ずしもそうとも言えないのです。

一般に、地域金融機関にはM&A手数料の割引圧力がかかりやすいと言えます。買い手企業や売り手企業は地域金融機関と融資などさまざまな取引があり、「持ちつ持たれつ」の関係にあります。そうした関係性の中で、M&Aの手数料について「いつも金利を払っているのだから、もう少しサービスしてほしい」といった要求を受けることは少なくありません。地域金融機関としては、大きな取引のある顧客が相手であれば無下に断るのは難しいでしょう。

また、地域金融機関ではもともとM&Aの報酬をあまり高く設定していないところが多いと言えます。1件あたりの最低報酬は通常1000万円程度で、500万円という地域金融機関もあります。もともと、取引先を紹介するビジネスマッチングを無料で行っていることも多いため、高い報酬を設定しにくいという背景もあります。一方、日本M&Aセンターの成功報酬は1件あたり最低2000万円です。地域金融機関で最低報酬をこの水準に設定しているのはごく一部に限られます。

M&Aの最低報酬を1000万円としている地域金融機関が、顧客の要求に応じて700万円に値引きするといったケースはよく聞かれます。一方、M&A専業で顧客と日常的な取引関係を持たず、全国の豊富な情報がある日本M&Aセンターであれば、顧客からの値引き圧力がかかることは少なく、最低報酬2000万円を確保できます。結果として、日本M&Aセンターと報酬を分け合ったほうが、地域金融機関が得る1件あたりの手数料収入が高くなることは少なくないのです。

M&Aの実務に長けた担当者、専門家を確保し続けられるか

ここまで地域金融機関がM&Aを単独で取り扱うリスクやデメリットをご説明してきましたが、もう一つ考えておくべきことがあります。それは、M&Aのスペシャリストを確保し続けられるのかどうかという問題です。

金融機関にはさまざまな業務がありますから、M&Aに力を入れると言っても、M&A専門の担当者をどんどん増やすというのは現実的ではありません。また、金融機関には人事異動があり、同じ人材がずっとM&Aを担当し続けられるわけでもありません。M&A業務について精通する担当者を育成しても、人事異動や退職によるノウハウ消失の可能性がつきまといます。ベテランのM&A担当者がいてスムーズに案件をこなせている場合は、同レベルでM&A業務をこなせる人材が何人いるのか、ベテラン行員の異動や退職によってM&A業務が滞るリスクがないか、考えておいたほうがいいでしょう。

M&A業務は、実務的な側面については非常に専門性が高いという特徴があります。異動が多い組織の中で「少数精鋭」で回していくのは、一時的には可能でも、長い目で見ればど

こかで無理が生じるはずです。持続可能性という観点では、M&Aの実務はM&Aを専業とする会社と協業したほうがいいでしょう。

さらにつけ加えると、地域金融機関にとっては弁護士、公認会計士、税理士といった専門家の確保も課題です。

M&A業務は、企業評価や契約の締結などのさまざまな場面で、弁護士、公認会計士、税理士など専門家のサポートが必要になります。私たち日本M&Aセンターではこれらの資格を持つ専門家が社内に約30名在籍しており、いずれもM&Aの豊富な実務経験があります。M&A案件ごとにチームを組むときは専門家もメンバーに入り、いつでもディスカッションできる環境になっているのも特徴です。

こうした環境を構築するのは、地域金融機関では難しいのではないかと思います。地域金融機関では、インハウスの専門家を置いていないのが一般的ですし、そもそもM&Aの実務経験が豊富な専門家は、地方には非常に少ないのが現状です。

M&A実務は専門性が高いため、弁護士や公認会計士といった資格の保有者だからといって誰もが対応できるものではありません。M&Aの経験がない専門家に相談しても、的はず

▶M&Aを推進するにあたって考えなければならないこと

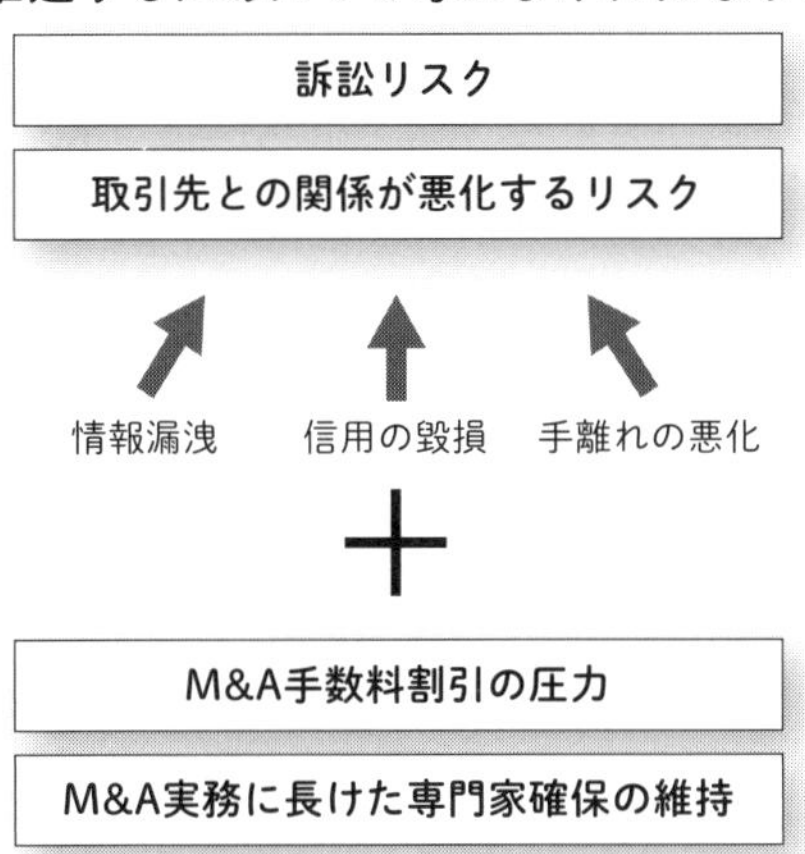

れな対応しかしてもらえない可能性が高いのです。

この点も、M&A実務に長けた専門家を数多く擁するM&A専業会社を利用すべき理由の一つになるのではないかと思います。

第 5 章

M&Aは「収益確保」と「顧客本位」の両方を追うことが成功の鍵

強引なM＆A推進は地域金融機関の信用を失墜させる

近年、地域金融機関の経営環境は厳しさを増しています。

マイナス金利環境のもと、融資では十分な収益を上げられない中では、フィービジネスに力を入れざるを得ません。そこで、これまで多くの地域金融機関が注力してきたのが投資信託や保険などの販売でした。しかし金融商品の販売も、今はビジネス環境が厳しくなっています。金融庁は投資信託などの販売についてフィデューシャリー・デューティーの考え方を前面に打ち出し、地域金融機関に対しても、金融商品の販売手法について顧客本位の業務運営を徹底するよう求めています。相場環境の先行き不透明感も高まっており、今後は金融商品の販売で大幅に手数料収益を伸ばすことは難しくなっていくでしょう。

そこで地域金融機関では、法人向けフィービジネスを拡大しようとしています。考えられるのは、シンジケートローン、ビジネスマッチング、私募債などでしょう。しかし、どれもこれまで以上に収益を伸ばせる環境にはありません。その中で、地域金融機関の経営層から注目を集めているのがM＆Aです。

M＆Aは先行して取り組みを強化している地域金融機関があり、手数料収入を大きく伸ばしているところもあります。そういった成功事例が経営層の目にとまり、「ウチでももっと収益を上げられるのではないか」ということで、積極的に取り組む地域金融機関は着実に増えています。実際、今は事業承継問題に悩む中小企業が数え切れないほどある状況であり、M&Aのニーズは掘り起こせばたくさん出てきますから、経営層から大号令がかかるのは当然でしょう。

地方ではM&Aの潜在的なニーズが高く、地域金融機関がM&A推進に力を入れるのは、本来は非常に望ましいことです。しかし私は最近、地域金融機関が手数料収入を追うあまり、パワーセールスが起き始めていることに危機感も持っています。言い方を変えるなら、M&A推進が本来あるべき姿から離れ、「行き過ぎ」になっているように思うのです。

地域金融機関では今、本部のM&A担当者が経営層から具体的にM&Aの収益目標を求められるようになっています。そしてその数字は、M&A専業機関である私たち日本M&Aセンターの収益を基準に見ても相当高く、達成が難しいレベルの目標であることが多いのです。

経営層から求められる収益目標に対して「できない」と言う銀行員はいません。一方で、まだM&Aの実績を積み上げた経験もない状況で、高い目標を達成するのはそう簡単なことではありません。

そのような状況に置かれたM&A担当者は、能動的にM&A案件を発掘し、成約に持ち込むべく力を尽くすことになります。「積極的、前向きに取り組んでいる」とも言えますが、見方によってはパワーセールスと言わざるを得ないような押し込みも横行し始めているのではと感じることもあります。わかりやすく言えば、「買いたい」「売りたい」というニーズが固まっていない状況でM&Aを強く勧めたり、ベストとは言いがたいマッチングでも半ば強引に成約させたりといったことが起きているのではという懸念があります。

地域金融機関の従来のM&Aへの取り組みは、意向が固まっていない顧客には中長期的なスパンで機が熟すのを待つというスタンスだったように思います。

ところが、本部担当者がM&Aで収益を上げることに邁進するようになり、まだM&Aをするかどうか悩んでいる顧客の背中を強すぎるほど押すケースが散見されるようになっています。取引先の金融機関から強く勧められれば、なかなか無下に断れない経営者も少なからずいるでしょう。

もちろん、企業の売買というのは規模の大きな取引ですから、無理やり売らせたり買わせたりということは簡単にはできません。特に買い手側については、取引金融機関から強く勧められたからといって、すぐ「それじゃあその会社を買おう」とはならないでしょう。

しかし、後継者がいないことに悩んでいるオーナー経営者はどうでしょうか？ 取引金融機関から強く勧められれば、まだ経営を続けたいという気持ちがあっても「そこまで銀行が言うなら、もうお願いして売却してしまったほうがいいのだろうか」と考えてしまう人もいるのではないかと思います。

売り手や買い手が満足できないようなM&Aを無理に成約させるようなケースが増えれば「やっぱり売らなければよかった」「買わなければよかった」と感じる顧客も増えていくでしょう。

それどころか、「あの銀行に無理やり買わされ、ひどい目にあった」といった噂が広がることが実際に起きそうな地域もあります。このような話が次々に出てくれば、地域金融機関にとって最も重要な「地域社会からの信頼」に、深い傷がつくのは避けられません。

M&Aについては、売り手企業と買い手企業の双方が「このM&Aをやってよかった」と感じ、買収に踏み切った企業と買収された企業が順調に存続・発展することが重要です。そのようなM&Aを手掛けることが地域金融機関の地域内の信頼を高めることになるだけでなく、地域経済の成長にもつながります。

もちろん、取引先企業がM&Aの相乗効果により成長を遂げれば、長期的な付き合いの中で融資や社員取引などへと取引を拡大していけるでしょう。

逆に、もしこの本質から目をそらして収益を追い、売り手、買い手にメリットの少ないM&Aを強引にまとめていけば、どちらの企業も業績を伸ばすことができず地域経済をじわじわと衰退させることになるかもしれません。取引先の業績が悪化すれば、貸金が回収できないリスクが生じるおそれもあります。

このような焼畑農業のようなM&Aを推進すれば、中長期的には地域経済の衰退を加速させ、地域金融機関の業績悪化を招くことになるだろうと危惧しています。

「売らされた」「買わされた」という不満やM&Aのトラブルが規制強化を招く

M&Aで地域金融機関がパワーセールスを加速させれば、「売らされた」「買わされた」といった企業経営者からの不満は増えていくでしょう。そこで私が懸念しているのは、こうした不満が過剰な規制強化につながるのではないかということです。

メガバンクについては、金融庁の指導によりM&Aの仲介をすることが禁じられています。M&Aに関与する場合、メガバンクは売り手側か買い手側のいずれかにしかつくことができないのです。これは、メガバンクの持つ強い顧客基盤や取引の大きさを持ってすればまさに「売らせる」「買わせる」といった強引な仲介が容易にできてしまうこと、利益相反を生じるなどのおそれがあるからです。

現在のところ、地域金融機関については金融庁から仲介を止めるよう指導されたケースはないようです。しかし、もし地域金融機関が仲介したM&A案件について「○○銀行に無理やり売らされた」といった声が金融庁にたくさん寄せられるようなことがあれば、地域金融機関についても仲介を禁じられる事態になるかもしれません。

ちなみにもう一つ、私が心配しているのは、最近モラルの低い仲介業者が次々に現れていることです。

M&Aの仲介は許認可業ではありませんから、専業機関としての看板を掲げれば、誰でも参入できてしまいます。丁寧に仲介すれば相応の手間と時間がかかりますが、それを単に「儲けやすいおいしいビジネス」と考え、M&A市場に参入してくる企業があるのです。

モラルのない仲介業者が増えれば、M&A市場は荒れ、トラブルはどんどん出てくるでしょう。そういった問題がニュースで取り上げられれば、M&Aに対する一般の方々のイメージが悪化するようなことにもなりかねません。

私たちは、長い時間をかけて中小企業のM&A市場のイメージを変えてきたという自負があります。せっかくM&Aへのネガティブなイメージが薄れて活発化しつつある今、M&Aを儲けるための道具のように考える悪質な仲介業者が横行すれば、M&A業界にとって大きな損失です。

地域金融機関が中小企業の最も身近な相談相手として本来の役割を果たし、その信頼をベースとして売り手企業、買い手企業の思いを汲みながら中長期的な視点でM&Aを手掛けることが、M&A市場を守ることにつながると私は信じています。

投信販売で起きたことから何を学ぶか

私が今のM&A市場を見ていて思い出すのは、銀行の投信窓販の歴史です。投信窓販が解禁された当時、私は足利銀行で働いていました。個人的には、銀行が投資信託のようなリスク性商品を扱うということに抵抗を感じたことを覚えています。

実際に販売がスタートすると、銀行で投資信託を買う顧客は多くはありませんでした。その中で収益目標が掲げられれば、限られた投信顧客に何度も売り買いさせるしかありません。こうしていわゆる「回転売買」が発生し、それが銀行の投信の売り方として広く定着していくことになりました。

多くの銀行が、回転売買によって販売手数料収入を積み上げることに腐心せざるを得なかったのは、融資による収益が落ち込む中で「背に腹はかえられない」という事情もあったのかもしれません。

しかし、そのようなビジネスを長年にわたり続けてきた結果、何が起きたでしょうか。投信販売が顧客の資産形成に資することのできないまま、投信市場も成長しない状況が長く続きました。

そして、そのことを問題視した金融庁が金融機関に「顧客本位の業務運営」を強く求め始めたのはご承知のとおりです。投信販売の回転売買や、販売手数料稼ぎの道具になっていた毎月分配型投信について監視の目が光るようになり、金融機関は従来のようなやり方で収益を上げるのが難しくなっています。

結局のところ、顧客の利益にならないビジネスは長続きしません。そして、投信販売の歴史を通じて金融業界が得た教訓は、そのままM&Aビジネスにも当てはまるのではないかと思います。

「収益確保」と「顧客本位」を両立させるには

M&A市場で地域金融機関の姿勢が大きく変化してきたのは、ここ1、2年ほどのことです。

従来、地域金融機関は取引先との幅広い付き合いの一環としてM&Aを手掛けてきました。事業承継、あるいは買収による事業拡大などのニーズに対応するために半ばボランティアのように情報やツールを提供し、それが融資などの取引につながればいいというスタンスでM&A業務に臨んでいるところが多かったように思います。
しかし融資により収益を上げるのがどんどん難しくなる中、M&A業務はその重要性を増してきました。かつては地域金融機関の中には「オーナー経営者に対して事業承継の話をするのはタブー」という雰囲気がありましたが、今ではその空気もずいぶん薄れてきたと思います。

私は、今のこのような状況をうまく活かすことができるのではないかと考えています。そもそもビジネスである以上、地域金融機関がM&Aで収益を追うのは当然のことでしょう。M&Aに対する抵抗感が薄くなってきている今の状況は、取引先に対する提案活動の付加価値を高め、ボランティアではなくビジネスの柱として育てていくチャンスでもあります。そして長期的にはもちろん、短期的にも収益をしっかり上げていけるようにすべきでしょう。

一方で、何事も「やりすぎ」「行き過ぎ」は好ましくありません。繰り返しになりますが、焼畑農業のような方法でM&Aを推進すれば、最終的に地域金融機関が自らの首を締めることになりかねません。

重要なのは、収益を追うことと地元企業に対するサポートとのバランスを取ることでしょがありますか。

「収益確保」と「顧客本位」の両方を同時に追うにはどうすればよいのかを考える必要があります。

もっとも、「収益確保」と「顧客本位」を両立させるのは簡単ではありません。それは、そもそも地域金融機関が単独でM&A仲介に取り組むことに、顧客本位の実現を難しくする構造があるからです。

地域金融機関は、よき相談相手であると同時に、融資を受けている企業側からすれば債権者でもあります。信頼関係を築いている中にあっても、経営者は常に「融資を引き上げられてしまったら……」という不安を感じながら付き合わざるを得ません。

そのような優越的地位をもって取引先にM&Aを提案したとき、経営者が自分の意向を曲げずに判断できるのかどうかが問題になります。地域金融機関のほうにそのつもりがなくても、経営者の中に「自分の意向を曲げられた」というひっかかりが残っていれば、M&A成約後に「売らされた」「買わされた」という意識を持ちやすくなってしまう面があります。つまり、利益相反のリスクが大きいのです。

では、顧客本位を実現するにはどうすればいいのか——私は、その答えの一つが地域金融機関とM&A専業機関の協業にあると思っています。

そもそもM&Aは、売り手企業や買い手企業などの当事者と深い付き合いがない、「公平な第三者」として関与できる仲介者を置くべきではないかと思います。しがらみのない会社や担当者に対してであればこそ、売り手企業も買い手企業も意思を曲げることなく「嫌なものは嫌」とはっきり言うことができるからです。

取引先との信頼関係を持つ地域金融機関は、顧客本位の原則を守って経営者に寄り添い、ときには背中を押したりアドバイスをしたりするという重要な役割があります。M&A案件を進める中、仲介者にうまく言えないことがあったとき、信頼する地域金融機関の支店長や担当者には相談しやすいこともあるでしょう。そのようなときのサポートも期待されるところです。また当然、買収資金の手当てなど資金面については、本業の業務としてしっかりと対応することが求められます。

一方、私たちは仲介者として売り手側、買い手側の真のニーズに耳を傾け、ベストなマッチングを模索し、M&Aのプロフェッショナルとして細かい業務を一手に引き受けます。そして、M&A成約後は当該企業が最大限に相乗効果を発揮して成長を遂げ、地域金融機関にとってより大きな取引先になっていくことを目指します。

これが、地域金融機関への信用を高めながら同時に収益を追うことを可能にする方法なのです。

第 6 章

日本M&Aセンターの活用法

目標達成のために必要な「逆算」の考え方

日本M&Aセンターでは、地域金融機関のM&Aの業績が上がるよう、さまざまなご提案やサポートを行っています。本章ではその一部をご紹介しながら、業績を上げることにフォーカスしたM&A推進の考え方、業績アップにつながる私たち日本M&Aセンターの活用法をお伝えしたいと思います。

最初にお伝えしたいのは、M&Aの業績を着実に右肩上がりに伸ばしていくためには「逆算」の考え方が必須だということです。

M&Aの業績を上げるよう経営層から求められてはいるものの、なかなか思うように業績を伸ばせず悩んでいる地域金融機関のM&A担当者は少なくありません。細かく数字を追ってみると、多くの地域金融機関では「上期は手数料収入の目標額を達成したものの、下期は手数料収入が大きく落ち込んだ」というように、業績が波打ってしまっているケースがよくあります。

これはM&A市場に特有の現象なのかというと、そうとは考えられません。実際、日本

▶M&Aを1件成約させるためには?

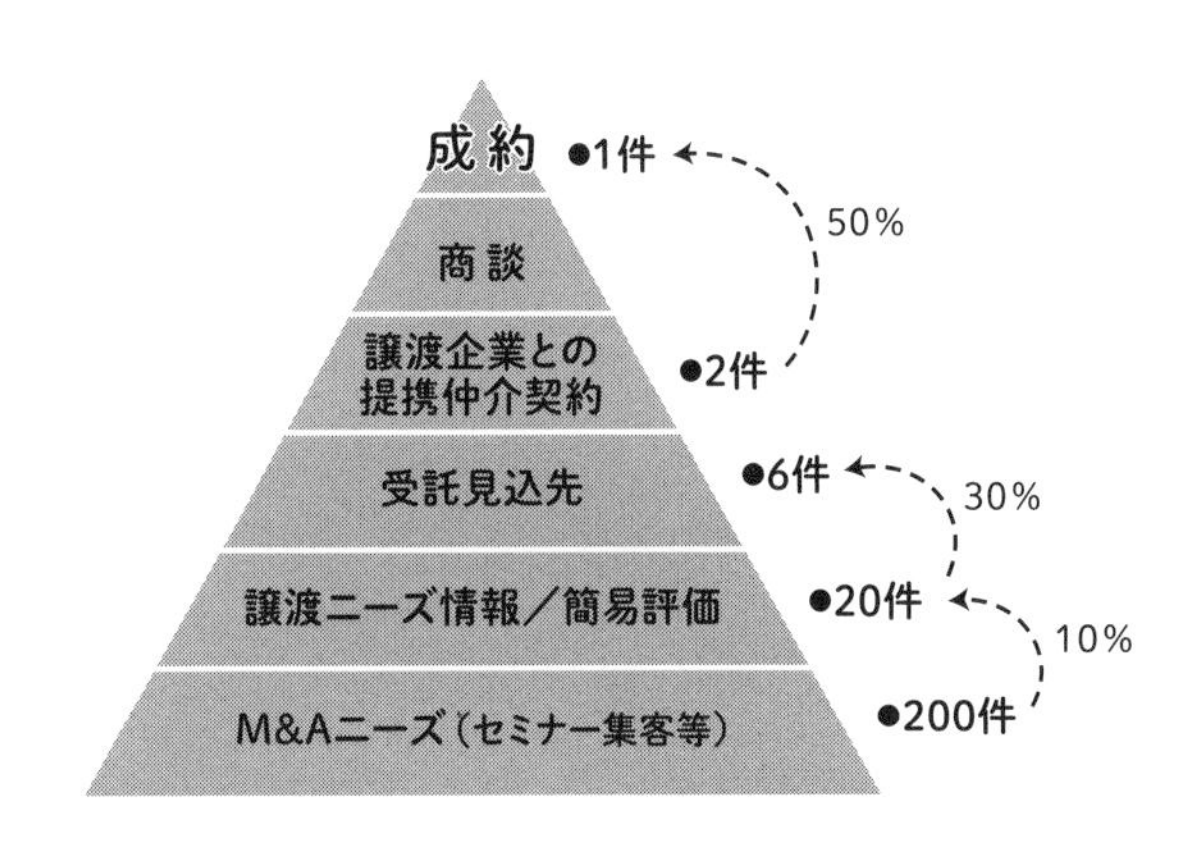

M&Aセンターの業績は基本的に右肩上がりに伸びているのです。

このような違いが生じるのは、私たちが「逆算」の考え方を取り入れていることが大きいのではないかと思います。

上の図をご覧ください。これは、私たちのこれまでの実績に基づき、1件の成約のために必要な作業の件数を「逆算」したものです。

たとえば成約1件を目指すとすると、その前の段階として「売り手企業と提携仲介契約を締結し、商談に進んでいる案件」が2件は必要です。案件を受託して商談を進めていても、そのすべてが成約に至るわけではありません。大まかには、成約に至るのは1年以内に50%程度なのです。

そして売り手企業との提携仲介契約を2件獲得するには、その前段階で、受託が見込める売却案件が6件は必要と考えられています。つまり、売却ニーズがあると判断して「背中を押す」段階に入っている案件が6件あるとしたら、そのうち成約に至るのは1件程度ということです。

さらにさかのぼって考えると、受託見込み先というのは手当たり次第に探しても見つかるものではありませんから、何らかのアプローチをして売却ニーズがかなり高いと見込まれる企業の情報を集める必要があります。私たちが提供しているサービスで売却ニーズの判断のためによく使われているのは、無料株価診断です。株価診断を受けるなどしていて売却ニーズがありそうな企業のうち、受託見込み先となるのは30%程度なので、6件の受託見込み先を開拓するには売却ニーズが見込める企業の情報が20件は必要だということになります。

「株価診断を受けてみたい」という企業を20件集めるとなると、手当たり次第に訪問したり名刺をまいたりするのは効率が悪く、とてもその数字は達成できません。まずは、少しでもM&Aへの関心がありそうなオーナー経営者をピックアップする必要があります。そこで効果的なのは、無料M&Aセミナーの開催です。セミナーなら幅広い取引先に声をかけやすく、興味があれば足を運んでくれるオーナー経営者がたくさんいます。とはいえ、株価評価などを受けてみたいというオーナー経営者は、セミナーに参加した人のうちせいぜい10％程度です。ですから、売却ニーズが見込める案件を20件集めるためには、M&Aセミナーに２００社は動員する必要があります。

こうして実績をもとに段階を追って逆算していくと、１件のM&A成約のためには、M&Aセミナーに２００社は集めなければならないことがわかってくるのです。

このような計算に基づき、私たちは目標とする成約件数に応じてM&Aセミナーを開催するなどしており、常に目標を達成できるだけの提携仲介契約や受託見込み先の数を確保しています。

この方法を実践するには、確率の考え方に加えて時間軸も考える必要があります。

たとえば今期の目標を達成するのに提携仲介契約に至っている企業が足りないことがわかったとして、急いでM&Aセミナーを開催しても今期中には成約には至らないでしょう。第2章で見たように、M&A案件は成約するまでにさまざまなステップがあり、必ず一定の時間がかかります。一般的には提携仲介契約を結んでから成約するまでに6カ月～2年ほどかかるので、平均すれば1年程度は見ておく必要があります。

また、潜在的な売却ニーズを持つ企業であっても、アプローチしてすぐに「じゃあ、売ろう」ということにはならないものです。オーナー経営者は売却という重い決断をするまでに逡巡することが多く、株価診断を受けて売却ニーズが見えてくるところから、背中を押して売却ニーズを明確にし、提携仲介契約に至るまでの間で3カ月程度は見ておかなくてはなりません。

こうして「M&Aの時間軸」と「成約に至る確率」を組み合わせて考えると、「今期は3件の成約が目標」という場合、その見込案件の確保は1年ほど前に終わっていなくてはならないことがわかります。ざっくり計算すれば、前期中にM&Aセミナーで600社動員しておいて、初めて「今期3件成約」が現実的な目標になりえます。言い換えれば、「今期目標を達成できるかどうか」は、それ以前の取り組みによってすでに結果が出ているはずなのです。

結局のところ、M&Aの業績を右肩上がりに伸ばし続けるには、M&Aセミナーなどのイベントを計画的に実施していくのが王道の方法と言えます。地域金融機関では半期ごとに業績を考える傾向がありますが、M&Aに関しては長い時間軸で計画を立てることが求められるでしょう。

もっとも、前倒しでM&Aセミナーを実施するのが難しいケースもあるでしょう。M&Aセミナーを開催するには半期計画の中に入れて予算を確保しておく必要がありますから、実際にセミナーを計画してから開催までにはかなりの時間を要するのが一般的です。

しかも、本部でM&Aを担当する人員は限られていますから、セミナーの計画を立てている余裕がない場合もあります。特に足元で進行中の案件があれば、その案件が成約するまでは全力を傾注せざるを得ず、一つの案件にかかりきりになってほかの業務に手が回らなくなることも多いはずです。こうした業務と並行し、1年、2年先を見越してセミナーを開催し、見込案件を確保しろと言われても、「マンパワーに限界があって難しい」と感じる方が多いのではないでしょうか。

さらに言えば、本部担当者は、支店の営業担当者や支店長の啓発についても考えなくてはなりませんし、支店から「売却ニーズが見込める取引先がある」と情報が上がってくれば、足を運んで相談にも乗らなければなりません。事業承継に悩むオーナー経営者は、タイミングを逃せばほかの金融機関やM&A専業会社などにM&Aの相談に行ってしまう可能性もありますから、対応をおろそかにすることはできません。

こうしてM&Aの業績アップに必要な業務を整理してみると、本部のM&A担当の人員だけでM&Aセミナーの企画や開催を担い、支店の啓発活動を継続的に実施し、売却見込み案件の相談に乗りながら進行中の案件を成約まで進めていくというのはかなり難しいことがわかります。

しかし、これらの業務のうちのどれか一つでもおろそかになれば、M&Aの業績アップは望めないのです。

M&Aの業績で「谷」を作らないようにするためには、やはり私たち日本M&Aセンターの担当者を本部のM&A担当者だと思って活用していただくのが近道ではないかと思います。

私がつねづね地域金融機関の方に言っているのは、私たちを活用するとき、「外部に頼む」という考え方ではなく連合軍として一緒に目標達成を目指すという発想を持っていただきたいということです。

たとえば、本部担当者が目の前で進行中の案件にかかりきりになっているときは、私たち日本M&Aセンターに支店向けの勉強会などの啓発活動を任せてしまうのも一つの方法です。

またM&Aセミナーについても、自前ですべて開催しようと考えるより、日本M&Aセンターが主催するオープンセミナーに「相乗り」すれば目標達成に必要な動員数を確保しやすくなるでしょう。セミナーの企画を立てたり稟議を上げたりといった手間がかからないうえ、支店を通じて取引先に告知するだけですみますから「急いでセミナーに動員して種まきをしたい」というときにもスピーディーに対応できます。

M&Aとは一つひとつの案件はフロービジネスですが、「逆算の考え方」に基づき、数多くの受託案件を保有し、同時並行で複数案件を進捗させながら、行員や顧客への啓発を絶え間なく実施することで、「谷」を作らず業績を伸長させるストックビジネスにすることができます。

M&A勉強会の講師を外部に頼んだほうがいい理由

私たち日本M&Aセンターでは、支店長向け、役職者向け、あるいは若手行員向けなどというように対象別のM&A勉強会や研修を実施しています。「勉強会なら本部の担当者が実施しているから、外部講師は必要ない」と考える地域金融機関もありますが、私は「講師は足りているかもしれませんが、勉強会の効果を高めるためには外部講師を活用したほうがいいですよ」と提案しています。

実は外部講師を活用するメリットは、「外部の専門家」が話すことそのものにあります。たとえば支店長向けにM&A研修を開催したとき、バンカーとしてのキャリア10年の本部担当者が講師を務めれば、百戦錬磨の支店長たちは素直に耳を傾けてくれない可能性があります。「自分のほうがバンカーとしてのキャリアは長い」という自負を持つ支店長たちに、しっかり話を聞いてもらうというのは簡単なことではありません。

一方、日本M&Aセンターという M&A専業会社の役員や部長が講師を務めるとなれば、「それなりに知見を持っているのだろう」という前提で話を聞いてもらいやすく、研修の内容が同じであっても「腹に落ちやすい」のです。

本部の担当者は講師として話すことに慣れていて、高いプレゼン能力を持つ方もたくさんいます。しかし、聞き手の「気持ち」の問題を考えると、戦略的に役割分担をし、私たちの勉強会や研修を活用したほうがM&Aの活性化につながる可能性が高いはずです。

なお、勉強会や研修については、参加した方に「勉強になってよかった」「M&A業務はやりがいがあって魅力的だ」と感じていただくことはもちろん大切ですが、せっかく時間を割いて参加してもらう以上は具体的なM&Aの案件獲得にもつなげたいものです。そこで私たちは、研修を実務に直結させる取り組みにも力を入れています。

たとえば、支店の営業担当者向けの研修では、まず1回目に売却ニーズに気づくためのポイントを解説します。そのうえで次ページのような「事業承継・M&Aニーズヒアリングシート」を持ち帰ってもらい、「2カ月後の2回目の研修のときまでに、実際に売却ニーズの見込みがある取引先を考え、3件ピックアップしてニーズヒアリングシートを埋めてきてくださ い」と宿題を出すのです。

2カ月後の研修では、持ち寄ったヒアリングシートをもとに「なぜその会社を選んだのか」「どんなふうにヒアリングして、どんな回答を得られたのか」といった点についてグループに分かれてディスカッションします。そしてグループごとに好事例を選び、モデルケースとして発表してもらうことで、売却見込み先の見つけ方やヒアリングのノウハウを共有します。

この研修は、参加者がノウハウを持ち帰れるだけでなく、「参加者×3」のヒアリングシートが集まるのがポイントです。この情報はそのまま「ネタ帳」として機能しますし、実際に

事業承継における課題

（　　　　　　　　　　　　　　　　　　　　　　）

3. 買収ニーズ

買収目的

□ 本業の拡大　□ 本業周辺への進出　□ 他地区への進出

□ 異業種への進出　□ その他（　　　）

対象業種・分野：

対象地域：

買収予算：＿＿＿＿百万円

銀行等からの資金調達予定

□ あり　□ なし（手元資金）

重視するリソース（複数チェック可）

□ 人材　□ 取引先（商圏）　□ 技術・ノウハウ　□ 収益性

□ その他（　　　）

投資回収期間

□ 5年程度　□ 7年程度　□ 10年程度

買収実績

□ あり：社名（　　　　　　　　）　□ なし

買収検討経験

□ 買収提案を受けたことがある　□ 具体的に検討したことがある

□ なし

買収したい会社

□ 具体的にある：社名（　　　　　　　　）

□ イメージがある：社名（　　　　　　　　）

4. 経営課題

自社の強み：

自社の経営課題：

業界の課題・動向：

事業承継・M&A ニーズヒアリングシート

面談者：

面談日時：　　年　　月　　日

1. 対象会社の概要

会社名：

業種・事業内容：

年商：________百万円

営業利益：________百万円

純資産：________百万円

借入金：________百万円

2. 対象会社の定性情報

面談者の属性

□ 社長（オーナー）　□ 会長（オーナー）　□ 社長（非オーナー）

□ 役員　□ 親族　□ その他（　　　）

社長の定性情報

□ 創業者　□ 2、3代目　□ 娘婿　□ その他（　　　　）

株主の状況（複数チェック可）

□ 社長　□ 奥様　□ 会長　□ 息子　□ 娘　□ 社員　□ 取引先

□ その他（　　　）

事業承継の準備

□ 実施中　□ 検討中　□ 未定

後継者候補

□ 息子（社内・社外）　□ 娘　□ 幹部・社員　□ 外部招へい

□ M&A（第三者）

株式の相続税評価額

1株________円　　　合計________円

譲渡の打診経験

□ 同業者等からあり　□ 銀行・証券会社よりあり

□ コンサルティング会社等からあり

M&A案件獲得につながったケースもあります。

勉強会や研修には、その効果を高める工夫の余地がたくさんあります。私たちとうまく役割分担しながら、しっかりM&Aの業績アップにつなげていただければと思っています。

M&A人材の育成にはトレーニー（出向受入）制度の活用を

日本M&Aセンターでは、地域金融機関からM&A業務に携わる出向者を積極的に受け入れています。これまでにのべ200名以上、第一地銀のうち3分の2以上からの受け入れ実績があります。

受け入れは、私たちとの協業の実績などをベースに、ご要望があれば幅広く対応する方針です。できるだけ多くの地域金融機関から出向を受け入れることで、M&A業務の魅力を知る方を増やしてM&A市場を活性化し、私たちについての理解も深めていただきたいと考えています。

トレーニーとして出向した方にはM&A業務を一人でこなせるまでになっていただけるよう、オープンイノベーションの考え方に基づいて日本M&Aセンターのノウハウをすべて開示し、慣れてくれば現場の仕事を任せることもあります。一通りの業務を体験してものにするには、短くて6カ月、できれば1年間の出向期間を取るのが理想です。

ノウハウをオープンにしているのは、協業に対する日本M&Aセンターの考え方が背景にあります。たとえて言うなら、「一緒に畑を耕し、種をまき、水をやり、草むしりをし、果実を育てる。そして一緒にその果実を食べる」のが私たちのスタンスです。地域金融機関に「おすそ分け」を求めるのではなく、一緒に汗をかいて苦労も共にする——そのためには、ベースとなる「人と人」としての付き合いを深める必要があると思っています。

このような考え方に基づけば、契約書や企業評価書、企業概要書などのフォーマットを共有することや、長年にわたって培ってきたM&Aのスキルやノウハウを惜しみなく伝えるのは当然のことです。もちろん、私たちのノウハウを持ち帰ってもらえれば「共通言語」で話せるようになりますから、協業がスムーズに進むというメリットもあります。

さらにつけ加えるなら、出向した方には書類のフォーマットやM&Aのスキル、ノウハウだけでなく、私たちの理念やスピリッツも感じていただければと思っています。私は、この姿勢が地域金融機関と日本M&Aセンターのパイプを太くし、どちらにとってもメリットの大きい関係性の構築につながると信じています。

トレーニーとして出向する行員の属性についても、地域金融機関ごとのM&A推進の段階に応じて相談に乗っています。

たとえば、「これからM&A業務を推進していくために本部を立ち上げ、さらに支店を啓発していく」という段階にある地域金融機関の場合、必要なのは、本部の核となりM&Aの普及を担える人材です。このような場面では、20~30代の行員が出向してM&Aのスキルやノウハウを持ち帰っても、なかなか思うようにM&Aの推進ができません。これは現実的な問題として、役職が低く若い行員では支店長とコミュニケーションを取るのが難しいからです。M&Aを普及させようと考えても、支店を訪問する機会さえなかなかもらえないこともあります。そこで日本M&Aセンターでは、これから本部を立ち上げるといったケースでは40代くらいの支店長経験者に出向してもらうようアドバイスをしています。相応の役職でキャリアも長い方であれば、出向から戻った後、電話一本で支店に訪問することも可能です。これができることで、M&A推進の立ち上がりのスピードがアップします。

一方、すでに本部に核となる人材がいる場合は若手行員の出向を提案しています。出向を終えて戻った後は、支店長に呼ばれたらすぐ飛んでいけるフットワークの軽さが重要になるからです。実際に出向する人材は、支店の営業担当者の中から20代後半~30代の行員が選ばれることが多いようです。

トレーニーの仕事は、現場の最前線でのOJTが中心です。出向から1~2カ月目は同行経験を積みます。初回の相談からM&Aの提案、案件受託、トップ面談、基本合意契約締結、買収監査、最終契約交渉、最終契約締結、成約までの場面すべてに同行してM&Aの流れを実体験として把握していきます。また、社内の会議にも参加してもらいます。このほか、企業評価書や契約書作成の基礎知識を得るため、実際に作成を担当したり各種契約書のチェックに同席したりもします。

3~6カ月目になると、一人前の担当者として案件を担えるようになることを目指します。この間にサブ担当案件を3件持つのが一つの基準です。引き続き社内の会議に出席し、各種書類の作成を担うほか、買い手候補企業へのマッチングのための訪問や、売り手候補企業への訪問も行います。さらに、出向から戻った後のM&A啓発活動を視野に入れ、行内研修資料作成のための材料を集めたり、行内研修の練習をしたりもします。

7～12カ月目には、出向から戻った後もM&A業務を完全に一人でできるようになることを目指します。この間に主担当案件を3件持つのが目安です。またM&A業績の管理ができるよう、実績管理資料作りなども経験します。

ほかにも、トレーニーにはさまざまな経験を積んでもらえるようカリキュラムを組んでいます。通常、12カ月の出向期間があれば、一人で取引先と会話でき、戻ってすぐに即戦力となるレベルに達します。通常、トレーニーは日本M&Aセンターの社員とペアで行動していますが、この時期には状況に応じて一人で商談に行ってもらうこともあります。

ちなみに、トレーニーとして出向している間は全国を飛び回ることになりますが、その交通費は私たちが全額負担しています。出向元の承認を取る必要がないためフットワークが軽くなりますし、できるだけ全国のさまざまな地域の案件を体験することはトレーニーのよい刺激にもなるからです。

トレーニーとしてM&A業務を経験することは、バンカーとしての能力を高めることにもつながります。それは、M&A業務は企業の事業性の分析なくして進められないからです。

売り手企業の企業評価書や企業概要書を作成したり、買収の提案先として買い手企業を分析したり、戦略を考えたりする業務を担うことは、「究極の事業性評価」とも言えます。なぜなら、売り手企業を理解する中で最も重要なことは、売り手企業のビジネスそのものの理解だからです。それは、ビジネスフローの理解であり、SWOT分析などによる強みの理解であり、まさに事業性評価そのものなのです。

また、買い手候補企業に提案する際にも、売り手企業の事業の理解が必要であり、マッチングに際しても、相乗効果の有無を考えるうえでも、買い手候補企業の事業の理解が欠かせません。

つまり、M&Aとは売り手企業、買い手候補企業の事業性を十分理解できていないと、マッチングをはじめとしたM&A業務そのものができない、ということになります。このような意味から、M&A業務を行うことは、究極の事業性評価を行うことと同義になります。

事業性評価に基づく融資の必要性が叫ばれている昨今、日本M&Aセンターへの出向はバンカーとしての人生を充実させることにつながるでしょう。

▶修了式の様子

２０１７年度からは、Ｍ＆Ａプロフェッショナルカレッジ（ＭＰＣ）と称して、全カリキュラムを履修した修了者には、修了証をお渡ししています。また、出向期間中に、受託やマッチングなどにおいて顕著な実績を出された出向者に対して表彰も行っています。

出向期間満了直前には、修了式を実施しており、修了証と表彰状を授与するとともに、セレモニーの後、会食を実施して、出向者同士の交流を深めています。

これまでトレーニーとして日本Ｍ＆Ａセンターに出向した方からは、「顧客からの信頼や感謝の言葉などに触れ、やりがいと社会性のある仕事ができたと思う。この経験をＭ＆Ａ

に限らず、銀行業務の中で活かしていきたい」「経営者の視点から、今後会社をどうしていったらよいかを考えるようになった」「銀行業務からいったん離れ、M&Aという新しい仕事を経験して視野が広がった」「過去の出向者とも情報交換ができ、銀行に戻った後、どうすればM&A業務が活性化するのかなど勉強になった」といった感想を聞いています。

また、人事部門やM&Aの所轄部門の方からは、M&A業務に関するスキルや知識の習得に関しての評価はもちろん、「日本M&Aセンターへの出向後、主体的・能動的に業務に取り組むようになった」といった声をいただいています。

M&A業務は専門性が高いため、人材の育成には時間を要します。一方で、地域金融機関では本部のM&A担当者が3、4人の少数精鋭というところも多く、重要なM&A案件に加えて支店の啓発やM&Aセミナー運営なども抱えていれば人材育成にまで時間を割くのは難しい面があります。業務に集中してM&Aの業績を上げるためにも、育成については私たちのトレーニー制度を積極的に活用していただきたいと思っています。

「戦略的出向」でＯＪＴの実施も可能

日本Ｍ＆Ａセンターでは、地域金融機関への「戦略的出向」にも対応しています。

Ｍ＆Ａ業務に精通した日本Ｍ＆Ａセンターの社員が、地域金融機関の中に入って一緒にＭ＆Ａ業務を行う意義は主に二つあります。一つは、専門知識を持つ人間が取引先に同行すれば専門的な話ができ、信頼も得られやすいことです。

日本Ｍ＆Ａセンターの社員は、全国のＭ＆Ａ市場の状況について最新の情報を常に追っています。このため、地域金融機関に戦略的出向をして売り手案件の開拓や商談に同行したとき、取引先の業界におけるＭ＆Ａの動向や同業他社のＭ＆Ａ事例などについて話すことができます。取引先の経営者からすれば、日頃からリレーションのある支店の営業担当者や支店長に加えてＭ＆Ａの専門知識を持った人間がいるわけですから、より安心して話しやすくなるメリットがあります。

もう一つは、案件の開拓や商談への同行がそのままＯＪＴになることです。日本Ｍ＆Ａ

センターの社員がどんなトークで売却ニーズを持つ企業の背中を押すのか、商談ではどんな会話で相手の納得感を得ていくのか、そばで生のやりとりを聞くことは座学とは比べ物にならないほどの学習効果があります。

もちろん、日本M&Aセンターに出向していただければ、さまざまな案件の幅広いステップに同席できますし、同行する相手の役職も課長から部長まで幅広くなるよう配慮しています。OJTという観点では、出向していただいたほうが経験を積みやすいと言えるかもしれません。

一方で、戦略的出向の場合には本部の担当者だけでなく、複数の支店長や支店の営業担当者が取引先に同行できるため、より幅広い方々にM&A業務の勘所を知っていただくことができます。「出向受入」「戦略的出向」いずれの方法が望ましいかは、各地域金融機関の状況にもよります。ニーズに合わせて、相談のうえ対応しています。

セレモニーのプロが盛り立てる成約式の意味

地域社会に貢献することを志としている地域金融機関の方々にとって、長い付き合いのある取引先の社長に喜ばれる仕事、大切な取引先の廃業を防いで次のステージに進むお手伝いができることは大きな喜びであり、魅力を感じられるはずです。先にも触れましたが、これまで私が数多くの地域金融機関で研修の講師を務めてきた中で、私たちが最終契約締結および決済時に行っている成約式の様子を撮影した動画をお見せすると、涙を流す方が非常に多いのです。

私は、地域金融機関でＭ＆Ａを推進するときに最も重要なのは、行員がＭ＆Ａ業務の意義を心から感じていることだと思っています。Ｍ＆Ａは、取引先の社長に泣いて喜んでもらえる仕事です。そのことを広く深く行内に伝えていくことが、Ｍ＆Ａの業績アップの素地になるでしょう。

ここで、私たちの特徴である成約式についてご紹介したいと思います。

成約式を盛り立てる役割を担うのは、ホテルのコンシェルジュとしてエグゼクティブフロア専任担当などの経験を持つセレモニスト（セレモニーのプロ）です。このほかにセレモニー担当者として２名を置き、原則、すべての案件で成約式を実施しています。

セレモニストによる成約式を執り行うのは、売り手企業の社長にとって人生をかけて経営してきた会社を売却するという一生に一度の日を特別なものにし、新たな門出をお祝いしたいという考えが背景にあります。また、成約式では売り手企業の社長やその家族の方々と、新たに経営を引き継ぐ買い手企業側の代表者が顔をそろえることになります。そこで売り手企業の社長がどんな思いで会社を経営してきたか、売却を決断した理由などを直接聞くことは、買い手企業側が買収した会社を経営していく決意を新たにする機会にもなると考えています。

こうした背景や目的があることから、成約式は売り手企業の社長に喜んでいただける特別な場になるようセレモニストが力を尽くしています。営業担当者から事前に売り手企業側社長について、その人となりやM&Aの経緯、趣味などの情報を提供してもらい、セレモニスト自身がM&Aの概要書などの資料も読み込んだうえでサプライズを用意するのです。たとえば、売り手企業側社長の奥様から花束を渡してもらうこともあれば、お酒の好きな社長なら社長夫妻の名前を入れたペアのワイングラスと創業年のワインといったプレゼントを用意することもあります。

成約式は一件一件に強い思い入れがありますが、中でも印象に残っているのは、売り手企業側の従業員に事前にM&Aの情報を開示していた案件でのことです。セレモニストは売り手企業側の社長に「成約式のため、M&Aに至った経緯と今後のお気持ち、買い手企業さんに期待されることをインタビューさせてください」と依頼し、その会社にカメラマンを連れて行って動画撮影を行いました。その際、社長には内緒で従業員の方や社長の奥様のインタビューも動画におさめておいたのです。

成約式当日、動画は売り手企業側社長のインタビューからスタートしました。「ぜひ今後も従業員をかわいがってもらいたい」。思いのこもった社長のお話の後、画面が切り替わって従業員や奥様からの社長へのメッセージが流れると、会場は感動に包まれました。買い手企業側の社長からは「この動画をぜひ当社の社員にも見せたい」というご要望もいただき、買い手企業企業に売り手企業のことを深く知ってほしいという願いも叶った事例だったと思います。

成約式の準備は、時間との戦いでもあります。式の日取りが決まるのは早くて1カ月前で、ときにはセレモニストのもとに「明日、成約式です」と営業担当者から連絡が入ることもあるのです。それでも、許される時間の中でセレモニストは最善の努力をします。

成約式の場所は、日本M&Aセンター内に成約式のために設えた部屋のほか、取引先の金融機関の会議室で行うこともあれば、状況に応じてホテルやレストランのような施設を利用することもあります。場所や準備に充てられる時間により制約も生じますが、テーブルクロスを広げ、花を飾り、式次第を準備することは欠かしません。

成約式について売り手側企業の社長にお話しすると、ほとんどの方は「そんなに仰々しくしなくていいから」とおっしゃいます。しかし終わった後には「成約式をやってもらってよかった」と言ってくださる方がほとんどです。そして買い手側の方からも「売り手さんの社長や奥様の思いを聞けてよかった」という言葉をいただきます。

成約式は40分から1時間程度と、時間は長くはありません。しかしその特別な時間を、共有すべき人たちの間でしっかり共有することが、売り手側、買い手側双方の満足度を高め、M&A後の企業の成長へ向けた最初の一歩になるのです。

実際の成約式の模様をご覧いただけます。
QRコードを読み取って『「M&Aドキュメンタリー」をご覧ください』

おわりに

◎今後のさらなるM&A活性化のために

本書は地域金融機関でM&A推進に取り組まれている方、これから力を入れていきたいと考えている方に向け、協業により業績を上げていく際の考え方のポイントをお伝えするためにまとめたものです。そこで最後に、今後のさらなるM&A活性化に向け、私が感じている課題についても触れておきたいと思います。

一つは、若手行員がもっとM&A業務に携われるようにできないかという点です。

本書で繰り返しご説明してきたように、M&A推進のためには売却ニーズの発掘こそ重要であり、それを担うのは営業の最前線に立つ若手行員です。しかし現状では、若手行員の取り組みをきっかけに提携仲介契約締結にこぎつけても、商談のステップでは若手行員は案件に関与できないことが多いのです。商談に同席するのは主に支店長で、せいぜい入れたとして次席の方までです。

これはセンシティブな情報を管理するという観点では適切な対応にも思えます。また売り手候補企業のオーナー経営者からすれば、売却の相談の場に若手行員が同席するのは違和感があるかもしれません。

しかし、自分が担当する取引先の社長の思いを汲んで案件を発掘してきた若手行員からすれば、いくら情報を上げてもあっという間に自分の手を離れてしまう現状ではM&A業務に対する関心を高めにくいのではないかとも思うのです。

もちろん、多くの取引先を抱える営業担当者が1回2時間近くに及ぶ商談に毎回同席するのは物理的に難しいでしょう。しかし、商談の初期段階で支店長と一緒に同席できる機会を作るなど関与の度合いを高める余地はあるのではないかと思います。情報管理の問題は常につきまといますが、若手行員が扱っている融資の情報というのも相当にセンシティブなものであり、M&Aの情報と比べてその度合いに大きな差があるのかどうかも考えてみる必要がありそうです。

日本M&Aセンターでは、地域金融機関向けにM&Aの研修や勉強会を提供していますが、意欲のある行員向けに希望者制で休日研修を開催すると、若手行員が数多く参加してくれます。その様子から私が感じているのは、若手行員のM&Aに対する感度がすぐれていること、ソリューション営業の力をつけたいというニーズが高いことです。彼らを巻き込み、その意欲を数字につなげていくにはどうすればいいのか、やはりM&A業務への関与の機会を増やし、より関心を高めてもらうことが必要ではないかと思うのです。

もう一つは、M&A業務における女性活用です。

投信などの金融商品販売を担う女性行員の中には、企業経営者のふところに飛び込む高いコミュニケーション力を持つ方が少なくありません。また、ただ商品を販売するのではなくもっとソリューション営業に取り組みたいという意欲も高いと感じます。

一方で、地域金融機関では近年、行員のおよそ半分を占める女性のさらなる活用を志向していますが、女性行員の潜在的な力を活かしきれていない面もあるのではないでしょうか。

私は今後、女性行員に事業承継やM&Aなどのソリューション営業の「入り口」を担ってもらうことが重要ではないかと考えています。悩みを持つオーナー経営者の心の動きを察知して売却ニーズを発掘するという仕事に、女性行員のコミュニケーション力が活かせるに違いないと思うからです。まずはオーナー経営者に対して、金融商品販売などで接点を持ったときに、合わせてM&Aのニーズを探ってもらうというのも一つの方法かもしれません。

銀行で投信や生命保険の販売が広がったのは、証券外務員資格を取得させるなどして体制を整え、全員で取り組んだ結果です。一方、現在のところM&Aは一部の行員だけが特殊な業務として取り扱うものという位置づけになってしまっているように思います。

投信販売のときと同様、意欲ある若手行員や女性行員を活用してM&Aを推進する体制を強化できれば、情報や相談が爆発的に増える可能性もあるのではないでしょうか。

地域金融機関の役職員にとって、お客さまの事業承継ニーズをキャッチし、事業承継の選択肢を提案することは、本来業務です。決して、本部の少数精鋭の人材が行う特殊業務ではありません。

さらに、金融機関では、FP資格の取得が必須になっていますが、FPの業務範囲である「相続・事業承継」と「M&A」は非常に関連性が高いと言えます。法人・個人一体取引の重要性が高まっているなか、FPの資格者がM&Aエキスパート資格も取得して活用すること、または、M&Aエキスパート資格者がFPの資格も取得して活用することは、ソリューション営業の質を高めることになります。

◎M&Aに携わる人の職業倫理が問われる時代に

M&A市場の拡大に関しては、懸念していることもあります。それは、M&Aを儲けるための道具と見て悪質な業者が参入してきていることです。M&A仲介業は許認可業種ではないため、看板を掲げれば誰でも仲介は可能です。大廃業時代を迎えてM&Aニーズが急増する中、専門業者も玉石混淆の状態になっているのです。

本来、M&Aの仲介者には高い職業倫理が求められます。私はM&A市場が急拡大している今こそ、職業倫理やコンプライアンスに関する教育の充実が必要だと考えています。

日本M&Aセンターは2012年、一般社団法人金融財政事情研究会と共同で「事業承継・M&Aエキスパート」とその上位資格である「M&Aシニアエキスパート」の認定制度を立ち上げました。さらに２０１７年10月には事業承継シニアエキスパートを立ち上げ、３階建ての資格としました。事業承継・M&Aエキスパート、M&Aエキスパートの両資格取得者は、２０１６年10月には合計で1万人、２０１８年3月には2万人を突破しています。そして２０１７年4月には、両資格取得者相互のネットワークの拡充と切磋琢磨の場として、事業承継・M&Aエキスパート協会（JME）を立ち上げました。同協会では、資格取得者向けに職業倫理やコンプライアンスを重視したフォローアップも行います。この取り組みにより、「職業倫理を重視してM&A業務のサポートを行う人は、エキスパート資格を持ち、協会の職業倫理講座を履修しているのが当然」という状況を目指し、M&A市場の健全化に寄与できればと思っています。

◎日本M&Aセンターは常に最先端の情報を持つ責任がある

ここまで地域金融機関と日本M&Aセンターの協業のメリットを繰り返し訴えてきましたが、もちろん、M&A業務は地域金融機関が単体で行うことも可能です。実際、多くの案件に単独で取り組まれているところも少なくありません。

また、本書でご説明したとおり、日本M&Aセンターはオープンな考え方をとっており、M&Aのノウハウはすべてみなさんと共有しています。

それでも多くの地域金融機関が日本M&Aセンターとの協業を選んでくださる理由はどこにあるのかと言えば、私は、常にM&Aについて最先端の情報を持ち、ノウハウを進化させ、新たな取り組みを続けていることに価値を見出していただいているのだと思っています。そして日本M&Aセンターには、その高い期待に応え続けるという使命があると考えています。

日本M&Aセンターは創業以来、地域金融機関との協働をベースに今日まで歩んできました。これからも地域金融機関のみなさんと一緒に汗をかき、共に成果を喜び合えるパートナーとしてお付き合いを続けていただければと思っています。そして、地域金融機関と日本M&Aセンターの協業のさらなる推進により、地域の活性化に貢献できるよう努めてまいります。

最後までお読みいただき、ありがとうございました。

鈴木安夫

株式会社日本M&Aセンター
執行役員 金融法人部長
1972年栃木県那須塩原市生まれ。1995年大学卒業後、株式会社足利銀行へ入行し、法人営業に従事。2003年日興コーディアル証券へM&Aトレーニーとして出向。その後、足利銀行本部M&A部署にて業務推進。2004年日本M&Aセンター入社。経営支援室の専任スタッフとして、NPO法人日本企業再生支援機構の立ち上げおよび運営をこなす傍ら、法的整理や私的整理の中での再生型M&Aや後継者問題を解決するための後継者不在型M&Aおよび事業承継を含む経営コンサルティングを専門とする。
現在は、金融機関との協働案件を担当する金融法人部にて、金融機関からの紹介案件を中心に活動。豊富な事例の経験と銀行員の職歴を活かし、年間100回程度の講演を行う。全国の地方銀行、第二地方銀行、信用金庫等を担当する金融法人部の統括責任者を2017年より務める。
2012年に、一般社団法人金融財政事情研究会とM&Aエキスパート認定制度を立ち上げ、2018年5月末現在で同制度の資格取得者は2万人を超える。
共著に『地域金融機関のための中小企業M&A入門』『ゼロからわかる事業承継型M&A』(金融財政事情研究会)、『事業承継を成功に導く中小企業M&A』(きんざい)、『[最新版]中小企業のためのM&A徹底活用法』(PHP研究所)など多数。

【執筆協力】
株式会社日本M&Aセンター　坪川幸代

協働で実現
収益確保と顧客本位のM&A

2019年1月29日　第1刷発行

著　者　鈴木安夫
発行者　加藤一浩
発行所　株式会社 きんざい
〒160-8520　東京都新宿区南元町19
https://www.kinzai.jp/
☎ 編集 03-3355-1770　販売 03-3358-2891

編集協力　千葉はるか（Panchro.）
校　正　池田久美子
ブックデザイン　福田和雄（FUKUDA DESIGN）
印　刷　株式会社 光邦

ISBN978-4-322-13424-7